FOLIOTHÈQUE

Collection dirigée par
Bruno Vercier
Maître de conférences
à l'Université de
la Sorbonne Nouvelle - Paris III

Nathalie Sarraute

Enfance

par Monique Gosselin

Monique Gosselin

présente

Enfance

de Nathalie Sarraute

Gallimard

Que Mme Nathalie Sarraute veuille bien trouver ici l'expression de ma profonde gratitude pour les nombreux entretiens qu'elle a bien voulu m'accorder, en particulier les 16 et 23 novembre 1993, le 24 mars 1994, et le 23 janvier 1996, pour d'ultimes mises au point.

Monique Gosselin est professeur à Paris X-Nanterre. Elle travaille sur le roman du XXᵉ siècle. Elle a publié, entre autres, *L'Écriture du surnaturel dans l'œuvre romanesque de G. Bernanos*. Depuis quelques années, elle se consacre plus particulièrement à l'espace autobiographique (Green, Mauriac, Sarraute).

ABRÉVIATIONS

N. B. Les mots en italiques sont soulignés par nous-même. Lorsqu'ils sont soulignés dans le texte de N. Sarraute, c'est précisé par une note.

Le prénom *Natacha* est réservé à l'héroïne enfant ; le diminutif *Tachok* n'intervient que dans les relations avec le père et nous disons *N. Sarraute* pour désigner l'auteur.

INTRODUCTION

1. Conférence de N. Sarraute, centre culturel d'Oslo, octobre 1984.

« Il faut beaucoup d'innocence pour écrire ! » Telle fut la réponse de N. Sarraute à une étudiante norvégienne qui l'interrogeait sur son rapport à Freud à propos d'*Enfance*[1]. Beaucoup d'innocence ? Ou les roueries habituelles du métier ? Telle est la question que pose la lecture d'*Enfance*. La « pionnière » du Nouveau Roman serait-elle revenue tout simplement au « sujet » ? Elle qui avait prôné dans *L'ère du soupçon*, dès 1956, le refus de la fable dans le récit et la disparition du personnage, faute de croire à un moi-substance, *raconterait*-elle purement et simplement sa propre enfance ? Alors qu'elle a défendu l'idée selon laquelle l'art et la modernité requièrent des formes neuves pour investir un réel lui-même neuf, peut-elle se couler dans le moule traditionnel de l'autobiographie, de surcroît à l'ère de la psychanalyse ? Du reste, est-il possible aujourd'hui, sans une impardonnable naïveté, de raconter sa vie et particulièrement son enfance ? Proust — que N. Sarraute a beaucoup lu — nous a appris que se souvenir, c'est avant tout imaginer, et Freud[2], que c'est reconstruire le passé en vertu du présent. Enfin, notre auteur, tellement en garde d'habitude contre toutes les modes, comme le révèle son roman *Les fruits d'or* (1963), aurait-elle succombé, à son tour, à la tentation subjectiviste qui s'était emparée peu auparavant de Barthes[3] et saisirait bientôt son vieux complice

2. S. Freud, *Un souvenir d'enfance de Léonard de Vinci* (1910), Gallimard, coll. Idées, 1977 ; Cf. aussi « Le roman familial du névrosé », in *Névrose, psychose et perversion*, PUF, 1973.

3. R. Barthes, *Roland Barthes*, Le Seuil, coll. Écrivains de toujours, 1975.

1. A. Robbe-Grillet, *Le miroir qui revient*, éditions de Minuit, 1984.

2. J.-B. Pontalis. *L'amour des commencements*, Gallimard, 1986.

3. F. Dolto, *Autoportrait d'une psychanalyste (1934-1988)*, texte mis au point par Alain et Colette Manier, Le Seuil, 1989.

4. J. Lévi-Valensi, « *Enfance* de N. Sarraute », *Esprit*, novembre, 1983. Voir Dossier, p. 234.

5. B. Vercier, « (Nouveau) Roman et autobiographie : *Enfance* de N. Sarraute »,*Autobiography in French Literature*, French Literature Series, University of South Carolina, vol. XII, 1985, p. 162-170. Voir Dossier, p. 236.

Robbe-Grillet[1], marquant ainsi ce grand retour à l'autobiographie dont nous ont rendus témoins d'éminents psychanalystes comme Jean-Baptiste Pontalis[2] et Françoise Dolto[3] ? Or, *Enfance* semble résister à toute classification : « à l'évidence, une autobiographie », écrit J. Lévi-Valensi dans *Esprit*[4], tandis que B. Vercier[5] met davantage l'accent sur la dimension sarrautienne de ce texte.

Certes les confidences en demi-teintes que N. Sarraute nous fait dans ce nouveau récit incitent à y voir une autobiographie et à relire toute son œuvre à rebours pour y trouver les traces d'un effacement volontaire d'aventures et d'expériences personnelles dont la source est cette fois pudiquement livrée. Mais le dispositif textuel d'*Enfance* invite plutôt à y trouver les traces d'un défi : celui de retourner vers soi-même, et cela, dès l'origine de la conscience, cette quête des tropismes en autrui qui a constitué le projet d'écrivain de N. Sarraute. Dans le cas présent, celui-ci ne serait pas primordialement autobiographique, mais existentiel et phénoménologique : il s'agirait d'éclairer ce qui se joue avant les mots ou sous les mots, même chez un enfant ; d'où ce titre abstrait, qui semble annoncer une étude non figurative.

Les chapitres sans titre, la typographie qui laisse place à de nombreux blancs, l'abondance de points de suspension apparentent le texte d'*Enfance* à un recueil de poèmes en prose plus qu'à un récit linéaire et dramatique. Qui donc parlera ici ? La parole naïve, innocente d'un écrivain vieilli, cédant soudain au désir suspect de se pencher avec attendrissement sur son passé ? Mais alors, pourquoi faire résonner cette autre voix narrative d'ami impertinent à qui l'on n'en conte pas ? S'agit-il seulement d'une mise en scène destinée à désamorcer les critiques d'un lecteur impénitent de nouveaux romans ? ou de créer une sorte de « nouvelle autobiographie » après avoir instauré le « nouveau roman » ? Le lecteur est confronté à des esquisses de scènes enfantines, volontiers théâtrales, en conformité avec le reste de l'œuvre de N. Sarraute : quelques paroles surnagent, mais point de « mots d'enfant ». Des ondes se propagent dans la conscience et le subconscient de l'enfant qu'elle était – ou de l'adulte qu'elle est devenue ?

Face à ce texte au statut problématique, le lecteur oscille — et les premiers échos de presse à la parution du texte le montrent[1] — entre un sentiment de grande familiarité avec cette double voix sarrautienne, cette parole investigatrice qui tourne autour du malaise pour en préciser les contours, et celui d'une nouveauté retenue. Un récit-poème dévoile ici « la terra incognita[2] » de l'enfance. Loin d'être une retombée en enfance, comme le suggère au début le double irrévérencieux de la narratrice, ce texte subtil, roué, est plutôt le fait d'un écrivain parvenu au zénith de sa carrière. N. Sarraute ose ici s'appliquer à elle-même les interrogations dirigées jusqu'alors vers autrui, et poser à un passé subsistant ou renaissant dans le présent les questions qui

1. C'est ce que montre l'analyse de la réception critique dans la presse. Voir Dossier, p. 230.

2. M.-J. Chombart de Lauwe, *Un monde autre, l'enfance*, Payot, 1971.

portaient jusqu'alors sur des scènes prises sur le vif dans une indécision spatio-temporelle. En lisant *Enfance*, c'est de ce « jeu » entre la fiction sarrautienne et l'autobiographie classique qu'il faut rendre compte. N. Sarraute se montre en effet consciente de la tentation du romanesque auquel son enfance à elle se prêtait sans doute plus que beaucoup d'autres, avec ces personnages d'émigrés russes, une mère romancière, une Russie qui rappelle parfois celle de la comtesse Rostopchine, de Tchekhov ou plus encore de Tolstoï. Au lecteur de rêver en s'arrêtant, ou en poursuivant ce que le texte ne livre qu'en pointillé. Il faudra scruter cette parole, tissée d'approximations et de retouches, de silences et de blancs, pour la confronter d'abord au dessein affiché dans le paratexte et à l'autobiographie classique. Après avoir montré la nature éminemment sarrautienne de ce récit, nous tâcherons de montrer comment l'autobiographie, « quand même », revêt ici un caractère neuf. Un geste d'écriture poétique y réconcilie le présent de l'écriture et le passé de l'enfance, permettant à la narratrice une réappropriation de soi par l'humour, la lucidité et même la tendresse.

I UN RETOUR
À L'AUTOBIOGRAPHIE
CLASSIQUE ?

SARRAUTE EN 1983

En 1983, N. Sarraute est un écrivain consacré, auteur de sept « romans » ou du moins de
récits qualifiés comme tels, bien que le lecteur
d'aujourd'hui soit davantage tenté de les placer sous le nom plus vague mais plus exact de
fictions. En 1939, *Tropismes*, son premier
texte, succession de scènes ou de tableaux
empruntés à la vie quotidienne, avait décon-
certé, mais déjà son originalité avait été reconnue par Max Jacob qui voyait en elle « un profond poète[1] ». De fait, ces fictions, peuplées de
silhouettes anonymes en proie à de secrètes
impulsions que mettaient à jour des « sous-
conversations », tenaient beaucoup du recueil
de poèmes en prose. Son premier roman, *Portrait d'un inconnu* (1948), signalé par une chaleureuse préface de Sartre, obtient une certaine consécration, mais sans recueillir encore
l'adhésion du public. Les lecteurs étaient
conviés à chercher avec son narrateur comment les personnages, d'abord vus de l'extérieur, dotés d'une identité prétendument
stable, basculent dans le flou, tout entiers soumis à leur insu à de soudains « tropismes ».
Précisément, dans *Martereau* (1953) est mise
en récit la désintégration progressive du per-

1. M. Jacob, let-
tre à N. Sarraute
du 28 janvier 1939.

sonnage : brave homme, bon père et bon époux au premier regard, mais est-il « un raté [...], un passionné » (*M.*, p. 248), un personnage de théâtre ou « rien, un amusement » (*M.*, p. 266) ? L'identification est impossible parce que le sujet — le moi — est informe. Le recueil d'essais *L'ère du soupçon* (1956), qui vaudra enfin à N. Sarraute la faveur du public, théorise sa pratique : elle y préconise la création de nouvelles formes romanesques, corrélatives d'une nouvelle vision du monde selon laquelle, faute d'un sujet qui en serait le substrat, il n'y a ni personne ni personnage, ce qui entraîne inévitablement la dissolution de l'intrigue ou de la fable[1]. Le but de ses récits est donc moins une reproduction du réel — une *mimésis* — qu'un grossissement de ce qui se passe dans le subconscient, là où ne surviennent pas encore les mots mais où règne un magma confus de sensations, de menues aspirations, répulsions ou rétractions, « ces drames microscopiques » et intimes qu'elle a nommés d'un terme scientifique, approximatif, même à ses yeux : les *tropismes*. Ces turbulences intérieures se dérobent à tous et ne peuvent être saisies en surface que dans les interactions qui se jouent au cours de scènes de dialogues ou dans ces étranges monologues intérieurs que sont les sous-conversations, trame essentielle de ses fictions. Elle a donc contribué à créer, avant Robbe-Grillet[2], ce qui fut appelé, après coup, l'« école du nouveau roman[3] ».

Dans ses fictions, le rapport à l'enfance n'est pas simple. L'un des fragments de *Tropismes* semble faire du souvenir d'enfance un

1. Telles sont les idées développées dans *L'ère du soupçon*, Gallimard, 1956. Voir Dossier, p. 200.

2. A. Robbe-Grillet, *Pour un nouveau roman*, Gallimard, 1963.

3. Cette expression a été créée pour des raisons éditoriales et après coup : on avait regroupé, sur une photographie désormais célèbre des éditions de Minuit, N. Sarraute, A. Robbe-Grillet. C. Simon, R. Pinget, C. Ollier, S. Beckett, C. Mauriac ; leur seul dénominateur commun était de refuser la reconduction des formes traditionnelles du roman.

1. J.-P. Sartre, dans la préface écrite pour *Portrait d'un inconnu*, en 1948, le fait lire comme un « anti-roman », sorte de roman policier à l'envers dont l'issue nous serait sciemment dérobée.

recours contre la dureté de la vie (*Tro.*, p. 130). Le narrateur un peu névrotique de cet « anti-roman[1] » qu'était, selon Sartre, *Portrait d'un inconnu*, croit respirer la mort dans ces rues aux façades bizarrement inertes avec « des squares blafards [...]. On sent partout *des enfances mortes*. Aucun souvenir d'enfance ici. Personne n'en a » (*P. I.*, p. 27), ce qui amène à relier enfance et vitalité.

Mais l'enfance est aussi ce moment de l'illusion où les sensations sont induites par la réalité alors qu'elles émanent de notre intériorité. Certaines scènes des fictions semblent trouver leur origine dans l'enfance. On y rencontre déjà l'expérience de ces « mots-projectiles » qui « s'abattent » (*M.*, p. 26) « au moment où l'on ne s'y attend pas » (*M.*, p. 37). Nous y traversons « des prairies [...], foulons aux pieds les violettes, les pâquerettes » (*M.*, p. 39). Ces rêveries ne tirent-elles pas leur origine des éclatantes images de la campagne découvertes jadis en Isère, telles que les livrera *Enfance* (p. 275) ? Dans *Le planétarium* (1959), N. Sarraute surprenait, à travers le regard d'Alain Guimier, l'étrange soumission d'une fille à l'égard de sa mère, et lui faisait faire l'expérience, centrale dans *Enfance*, de la désacralisation de la figure maternelle (*E.* p. 96-97). *Entre la vie et la mort* (1968), fiction où déjà le narrateur est dédoublé, met en scène un récit de vocation. Le problème des mots et des images que suscite leur signifiance est au cœur du texte puisque le jeune héros les manipule, comme le fera la petite fille d'*Enfance*.

« Regarde ce que je fais. D'un seul mot je peux faire surgir des images de toutes sortes. On peut les varier... — De quels mots, mon chéri ?... Par exemple du mot Hérault... Il en donne plein... Il suffit de le prononcer, l'image sort. Hérault... et je fais venir la maison de Tatie... Héraut... un héraut s'avance sur la route, vers le château fort... Héros... un officier en habit blanc... Il crie, il s'élance, ses hommes le suivent... Aire haut... on bat le blé sur un haut plateau, la menue paille vole, les ânes et les chevaux tournent... Erre haut... une cordée perdue dans la tempête de neige... et à la fin R.O. Et crac tout s'arrête (*E. V.*, p. 27).

Vous les entendez (1972) oppose l'admiration de deux vieux amis pour une statue précolombienne aux rires insolents d'adolescents, mais dans la conscience du père, ils sont des enfants, des « gosses » (*V. E.*, p. 167), insouciants, légers — représentants d'un autre monde ? — incapables en tout cas de comprendre une telle sacralisation de l'art. En 1976, *« Disent les imbéciles »* met en scène une « vraie grand-mère de conte de fées » (l'antithèse de la « babouchka » d'*Enfance*), traitée comme un jouet par ses petits-enfants.

Le portrait de Cyprienne Létuvier, la « grand-mère idéale » de *« Disent les imbéciles »*, laisse transparaître peu à peu un malaise ; c'est qu'elle est « chosifiée » par ses petits-enfants. C'est du moins ce que laisse entendre l'enfant jaloux sur lequel le récit est focalisé : « Donc notre grand-mère était assise entourée de nous sur son canapé. Et nous la cajolions et tu la caressais et nous ne pouvions pas détacher nos yeux de son doux visage fané, nous effleurions, avec quelle précaution, ses cheveux si fins... comme du duvet... sa joue à la peau plus soyeuse, plus satinée... » (*D. I.*, p. 12). « Nous étions là rassemblés, un tableau de famille charmant. Rien au monde de plus touchant. Une grand-mère délicieuse, une vraie grand-mère de conte de fées... » (*D. I.*, p. 14). La mère de Véra, qui semble à Natacha une grand-mère idéale, ne répond en rien à cet aspect physique, comme le note l'instance narrative. Le double fait alors référence, sans le préciser, à ce texte de « *Disent les imbéciles* » : « Pas grand-chose de commun avec celle que tu as montrée plus tard dans l'un des tiens... » (*E.*, p. 226).

Le rapport des mots au réel, notre expérience du monde à travers des mots plus ou moins lourds, les relations qu'ils établissent entre les consciences, la figuration d'un réel inquiétant, tels sont les motifs privilégiés des fictions de N. Sarraute qui semble imprégnée par la phénoménologie[1]. Tel sera aussi l'objet de son *théâtre*, dont les mots sont les principaux actants. N. Sarraute a commencé une carrière de dramaturge insolite avec une pièce radiophonique (*Le silence*, 1964). Un personnage qui ne dit rien s'y oppose à un autre qui parle trop, devant un chœur qui pousse, l'un à se taire, et l'autre à parler. Des images y apparaissent, qui resurgiront motivées dans *Enfance* : celles de merveilleuses maisons, décrites comme celle d'Ivanovo « avec leurs fenêtres surmontées de petits auvents de bois découpé... comme des dentelles de toutes les couleurs ». Une voix y évoque « toutes ces enfances captées dans ces... dans... tant de douceur... ». Mais elle désavoue cet élan lyrique, stigmatisé comme « enfantin » (*S.*, p. 32). Ces pièces, comme les récits, laissent donc deviner un rapport ambivalent à l'égard de l'enfance, tantôt insolente et tantôt soumise à l'excès.

1. En 1921-1922, N. Sarraute a poursuivi des études à Berlin, où elle s'est intéressée à la sociologie, en suivant les cours du professeur Sombart ; on peut penser qu'elle a eu alors connaissance de la phénoménologie de Husserl, en particulier (entretien du 23 novembre 1993).

19

LE REFUS D'UN CERTAIN TYPE D'AUTOBIOGRAPHIE

LE TITRE

Enfance : ce titre suffit à mettre en garde contre toute tentation d'annexer purement et simplement cet ouvrage au corpus des récits d'enfance classiques : ni « roman d'un enfant », comme l'annonce le titre de Loti (1890) qui revendique l'inévitable dimension de fiction ; ni renvoi par le possessif à une enfance singulière, celle du narrateur ou de l'auteur. Faut-il donc entendre dans ce substantif abstrait la quête d'une exemplarité ? S'agirait-il alors de raconter une enfance singulière certes, mais digne de constituer un modèle, ou au contraire une enfance commune où chacun de nous pourrait retrouver quelque chose de son enfance ? Ce titre qui lui fut suggéré par un ami[1] résonne ici comme sommation et citation ; il annonce moins un récit qu'une épure, comme le laisse attendre le mot abstrait sans déterminant. Général et générique, il semble d'emblée contester toute une imagerie de l'enfance, ces *chromos* auxquels faisait allusion ce fragment de *Portrait d'un inconnu* où était stigmatisée la métamorphose que certaines femmes font subir au réel pour s'en faire une armure.

1. Très soucieuse de récuser toute influence du titre de Tolstoï sur le sien, N. Sarraute m'a affirmé que ce titre lui fut suggéré par l'un de ses amis proches dont elle a tu le nom (entretien du 16 novembre 1993).

« C'était extraordinaire de voir avec quelle rapidité, quelle adresse, quelle vorace obstination, elles happaient au passage, faisaient sourdre de tout, des pièces de théâtre, des films, de la plus insignifiante conversation, d'un mot dit au hasard, d'un dicton, d'une chanson, de tableaux, de chromos : *Enfance, scènes champêtres, ou les joies du foyer* [...][1], c'était extraordinaire de voir comme elles savaient saisir dans tout ce qui passait à leur portée exactement ce qu'il fallait pour tisser le coton, cette enveloppe imperméable, se fabriquer cette armure..., (*P. I.*, p. 42).

1. Souligné par N. Sarraute.

Là, le terme d'enfance est inséré dans une série de tableaux-clichés, de « vignettes » contre lesquels s'inscrit la représentation mise en jeu dans le récit dont ce seul mot constitue le titre. Le but de Sarraute y est moins de raconter sa propre enfance que de saisir à travers elle ce continent inconnu ou méconnu qu'est toute enfance, en particulier si l'on se réfère à l'étymologie latine du mot (l'*infans* est celui qui n'a pas encore accès aux mots) ; c'est ce moment où l'on flotte entre l'impression et la sensation, dans ce flou que les mots essaient de cerner, d'apprivoiser. Ce titre annoncerait dès lors un projet de connaissance, une investigation du réel, par-delà les différences sexuelles ou singulières, projet qui rejoint celui des autres récits sarrautiens. C'est du reste ce que précisait Sarraute elle-même : «J'ai voulu décrire un enfant plutôt qu'une petite fille[2]». Les tableaux sélectionnés parmi les souvenirs d'enfance le seraient comme « les épisodes les plus anonymes d'une vie, les plus communs à tous », tout en échappant aux stéréotypes sur l'enfance. On se rapproche du monde sarrautien habituel, celui du malaise, de l'inavoué, enfoui mais insistant. Tel est bien ce que révélera le paratexte.

2. « Portrait de Nathalie » par Viviane Forrester, *Le Magazine littéraire*, n° 196, juin 1983, p. 20.

ENFANCE DE N. SARRAUTE
ET *ENFANCE* DE TOLSTOÏ

On pourrait être tenté, puisque l'enfance de Sarraute se déroule au moins partiellement en Russie, de songer au récit de Gorki, gratifié du même titre, ou bien, de manière apparemment plus fondée, à celui de Tolstoï, *Enfance* (1854), qu'elle reconnaît avoir lu vers l'âge de quinze ans[1] — soit, il est vrai, soixante-cinq années auparavant. En outre, elle se retourne volontiers vers Tolstoï[2], fût-ce pour refuser désormais sa manière. Mais la confrontation du texte de Tolstoï avec le sien fait surtout ressortir des différences. Le récit de Tolstoï relève explicitement de la fiction[3]. Il y dépeint sa propre enfance, mais aussi celle de ses amis Isléniev. C'est un récit linéaire, où le temps est fortement distendu (les quinze premiers chapitres ne relatent qu'une seule journée). Le narrateur y introduit des souvenirs de sa mère qui ne peuvent être les siens puisqu'il l'a perdue quand il avait deux ans. Dès le début, la dramatisation romanesque est très apparente : le jeune Tolstoï invente un cauchemar dans lequel il aurait vu sa mère mourir, et qui rétrospectivement apparaît comme annonciateur du dénouement — la mort de la mère. Nous sommes bien loin du récit sarrautien discontinu, elliptique, soucieux d'éviter le mélodrame et même l'attendrissement alors que s'y prêtaient certaines scènes, telle celle de la séparation d'avec la mère.

1. Entretiens des 16 et 23 novembre 1993.

2. Dans *Portrait d'un inconnu*, par exemple. Le narrateur, voulant démonter la constitution d'un personnage de roman, prend pour exemple le vieux prince Bolkonski de *Guerre et paix* de Tolstoï. Voir Dossier, p. 206.

3. L. Tolstoï, *Enfance* (1854), Voir Dossier, p. 206.

1. « Portrait de Nathalie », *op. cit.*, Voir Dossier, p. 194.

2. Ph. Lejeune, *Le pacte autobiographique*, Le Seuil, 1975, p. 13-14.

En refusant de considérer *Enfance* comme une autobiographie[1], N. Sarraute, à l'évidence, ne se réfère pas à la conception poéticienne, formulée par Philippe Lejeune qui, dès 1972, la définit ainsi : « récit rétrospectif en prose qu'une personne réelle fait de sa propre existence, lorsqu'elle met l'accent sur sa vie individuelle, en particulier sur l'histoire de sa personnalité[2] ». Cela implique un *pacte* suivant lequel le nom du signataire — N. Sarraute — est identique à celui de la narratrice et à celui de l'héroïne — Natacha ou Tachok — dont la vie est racontée. À ce titre, *Enfance* serait incontestablement une autobiographie, bien que N. Sarraute ne s'appesantisse pas sur ce problème d'identité. De surcroît, le récit s'achève au seuil de l'adolescence et ne porte pas sur la totalité de l'existence. On pourrait encore discuter sur la finalité du texte : N. Sarraute met-elle l'accent sur l'histoire de sa vie individuelle ? Elle ne propose aucun pacte explicite avec son lecteur supposé, ni au début du récit ni plus tard. Tout au plus esquisse-t-elle un *projet* qu'on peut déchiffrer comme un contrat de lecture. Elle s'en explique dans tout un ensemble d'interviews ou d'articles qui ont accompagné la sortie de l'ouvrage et qui constituent ce que G. Genette propose d'appeler le *paratexte*.

Ce refus de N. Sarraute de caractériser son récit comme autobiographie s'appuie manifestement sur une conception classique, moins formaliste, de celle-ci et selon laquelle il faut tout dire sur soi et sa vie pour tenter de dire le vrai, dans une perspective éthique, sinon religieuse. Dans une interview donnée à la revue *Lire*, elle distingue son projet de celui de Leiris qui, lui, voulait « tout dire » ; projet à ses yeux intenable en raison de l'immensité de ce qui est vécu et aussi de la nature même de ce que nous gardons en notre « for intérieur », « choses indicibles que nous ne voulons ni connaître ni voir de trop près, et encore moins les étaler devant les autres ». Elle poursuit en analysant l'autobiographie sartrienne.

« Quant aux *Mots* de Sartre, c'est une sorte de construction qui ne me paraît pas être une autobiographie. Je suis persuadée qu'il était différent et qu'il était par exemple excessivement tendre. Il a écrit, avec *Les mots*, une démonstration presque inhumaine pour tâcher de retracer la formation intellectuelle d'un enfant. C'est une belle construction mais qui ne correspond pas à toute la réalité [...], l'ensemble des *Mots*, bien que très beau, sonne faux[1]. »

1. N. Sarraute, interview donnée à *Lire*, juin 1983, p. 87-92. Voir Dossier, p. 195.

C'est au nom d'une exigence de vérité sur soi, inaccessible à ses yeux, du moins par le sujet scripteur, qu'elle récuse l'autobiographie. Elle se montre très consciente de ce que tout récit autobiographique est une construction finalisée ; elle ne conteste pas seulement l'écriture des *Mots*, elle en suspecte l'objectif même, puisque « toutes les autobiographies sont fausses » ; « c'est le seul point où je suis d'accord avec Freud », dit-elle avec son humour habituel à François-Marie Banier.

« Les gens qui écrivent leur biographie d'adulte prétendent écrire toute leur vie. D'abord ils la déforment totalement, on se voit toujours sous un certain jour... C'est comme si Landru écrivait ses Mémoires... Il raconterait combien il adorait sa femme et son enfant... Ce serait vrai... Il omettrait seulement les dix-sept femmes dans le four[1]. »

1. *Le Monde des livres*, 15 avril 1983, « Le défi de N. Sarraute : recréer son enfance ».

Elle n'entend donc ni se confesser ni se justifier et se défend d'avoir livré au lecteur tous les souvenirs que lui présentait sa mémoire. Elle a choisi ceux qui relevaient d'une généralisation possible, tout en permettant de mettre au jour des tropismes. N. Sarraute, fidèle à son projet d'écrivain, cherche donc à restituer la singularité d'une expérience revécue dans le souvenir, et à éviter le cliché. Aussi explique-t-elle à Serge Fauchereau qu'elle a dû renoncer à évoquer les merveilleuses vacances passées à la ferme en Beauce avec son père et sa belle-mère parce que « toutes les images ressemblaient à des images d'Épinal ». Curieusement, l'écriture du souvenir des vacances en Isère ne suscita pas la même impossibilité. Elle conclut en élucidant son projet qui ne relève pas selon elle de la tradition de l'autobiographie.

« Je n'ai choisi dans *Enfance* que des souvenirs dans lesquels existaient ces mouvements. [...] Mais lorsque j'ai voulu faire revivre mes vacances en Isère, les images se sont animées [...]. Je n'écrivais pas une autobiographie dans laquelle je devais raconter tout ce qui m'était arrivé[1]. »

1. Entretien avec Serge Fauchereau et Jean Ristat, « Conversation avec N. Sarraute », *Digraphe*, avril 1984, n° 32, p. 10.

Son objectif est donc d'abord esthétique plus qu'éthique, mais elle nous entraîne ici en outre dans les arcanes de la création artistique. En vertu de quoi les images s'animent-elles ou sombrent-elles dans le cliché ? Peut-être la poétique même du texte nous en dira-t-elle plus sur ce point que le discours paratextuel. Toutefois, N. Sarraute dépasse elle-même ce strict point de vue esthétique pour livrer un nouvel éclairage sur *Enfance*.

« J'ai voulu découvrir [...], j'ai voulu reconstituer comment s'installe la souffrance de l'obsession. Retrouver le mouvement par lequel les idées commencent à arriver[2]. »

2. « Portrait de Nathalie », *op. cit.*, p. 19. Voir Dossier, p. 194.

Sous l'entreprise phénoménologique de connaissance, on entend un désir de catharsis. Cela devient encore plus net lorsqu'elle met en cause le « sacrilège » : « J'ai voulu décrire comment naît la souffrance qui accompagne le sentiment du sacrilège. Quel sacrilège ? Celui qui a consisté pour l'enfant à nier le mensonge originel, à mettre en question la beauté originelle, la suavité, la sublimité, la beauté maternelle qu'elle avait pourtant jusque-là reconnue, absorbée avec volupté. Un sacrilège qui a peut-être déclenché la vie d'un écrivain[3]. »

3. *Ibid.*

Sous la généralité, on sent percer la cruauté indélébile d'une expérience singulière. L'entreprise autobiographique n'est plus loin, bien que N. Sarraute semble s'y dérober. Même s'il ne relève pas tout à fait du geste autobiographique, un certain *contrat de lecture* sarrautien se dessine dans ce paratexte et dans quelques lignes du récit même d'*Enfance*.

LES PROJETS AUTOBIOGRAPHIQUES
« CLASSIQUES »

Si, pour évaluer l'originalité du contrat sarrautien, nous faisons un bref détour du côté des récits d'enfance antérieurs, nous voyons qu'ils obéissent tous à des projets analogues, sous-tendus d'abord par une dimension éthique : leurs auteurs parlent à la première personne et veulent se confesser, avouer — c'est le cas des *Confessions*[1] de saint Augustin et de celles de Jean-Jacques Rousseau[2] dont Dieu est le destinataire explicite. Mais l'un et l'autre veulent aussi se livrer à une opération exemplaire d'aveu et de connaissance. Sur ce point, ils sont rejoints par Stendhal dans la *Vie de Henry Brulard* (1836)[3]. Leur propos est de tenter de tout dire pour dire le vrai. On retrouvera ce même dessein dans le récit d'enfance explicitement autobiographique de Julien Green, l'exact contemporain de N. Sarraute, *Partir avant le jour* (1963)[4], où avec le même destinataire — Dieu — et le même dessein — l'aveu —, nous rencontrons la volonté de se fier à une absolue spontanéité, ce que voulait faire aussi Stendhal et ce qu'annonce Loti[5], dont la démarche, plus manifestement esthétique, présente une certaine dimension éthique.

De la confrontation entre ces divers pactes, propres à ces récits d'enfance autobiographiques, il résulte que le désir de découvrir l'enfance en général à travers la sienne propre est à peu près commun à tous, bien qu'il soit moins net chez Stendhal et Loti. La dimension de quête existentielle et

1. Saint Augustin, *Les Confessions*, trad. d'Arnaud d'Andilly (1651), éd. par Ph. Sellier, Folio. Voir Dossier, p. 190.

2. J.-J. Rousseau, *Confessions, Œuvres complètes*, Gallimard, Bibliothèque de la Pléiade, Voir Dossier, p. 191.

3. Stendhal, *Vie de Henry Brulard* (1836), Folio. Voir Dossier, p. 191.

4. J. Green, *Partir avant le jour*, 1963, Gallimard, Bibliothèque de la Pléiade, t. V, p. 649. Voir Dossier, p. 193.

5. P. Loti, *Le roman d'un enfant* (1890), GF-Flammarion. Voir Dossier, p. 192.

même ontologique est représentée chez tous, mais Sarraute ne prétend pas à une recherche égotiste de soi. Les autres veulent tenter de tout dire pour atteindre à l'essentiel. Sarraute récuse cet objectif et, si elle cherche à rester au plus près du vrai et de la réalité passée, telle qu'elle croit l'avoir vécue, elle garde pour elle une partie de ce vécu encore présent à sa mémoire soit parce que cela relève de sa vie la plus intime qu'il serait, à ses yeux, impudique de révéler, soit parce que ces scènes ou ces faits que le souvenir conserve n'entrent pas dans son projet d'investigation d'un certain réel, cet « interdit » entre soi et les autres où se jouent les tropismes. On retrouve chez elle la peur du raccord qui fausse ; elle aussi invoque ce qui surgit en elle spontanément, mais elle se propose plutôt de « faire surgir ». Le dessein n'est plus de se soumettre à une pure spontanéité qui dicte mais de faire à partir de ces données, un travail qui relève donc d'un processus dialectique d'élaboration du souvenir. Tel est ce qui ressort du paratexte. Quel contrat peut-on trouver dans le corps même du texte ? Il faut lire le premier et le dernier chapitre et relever quelques rares repères dans le cours du récit pour en détecter au moins la trace. Mais auparavant, il importe d'examiner le problème que pose la double instance narrative.

LE DOUBLE ET LE DIALOGISME

Le texte s'ouvre sur un dialogue théâtral, où nous retrouvons la dramaturge. Deux voix dialoguent : l'instance narrative première, qui veut écrire sur son enfance, et l'autre, dont l'identité fait d'abord problème, voix critique, inquisitrice :

« Alors, tu vas vraiment faire ça ? " Évoquer tes souvenirs d'enfance "... Comme ces mots te gênent, tu ne les aimes pas. Mais reconnais que ce sont les seuls mots qui conviennent. Tu veux " évoquer tes souvenirs "... il n'y a pas à tortiller, c'est bien ça.

— Oui, je n'y peux rien, ça me tente, je ne sais pas pourquoi... » (*E.*, p. 7).

L'expression invoquée relève d'un projet esthétique mais sa forme stéréotypée et ampoulée est tournée en dérision sans être tout à fait invalidée. La seconde voix fait résonner l'énonciation familière, orale et narquoise du narrateur sarrautien habituel. L'expression-cliché « évoquer tes souvenirs d'enfance » est raillée sans doute parce qu'elle connote l'exercice de rédactions scolaires tout en impliquant une tentation narcissique et lyrique, dénoncée par l'emphase ; d'où le neutre péjoratif du déictique sur lequel le double s'appesantit (« alors, tu vas vraiment faire *ça* ? », repris sous la forme « c'est bien *ça* »). Or, de manière dramatique, imprévisible, la narratrice accepte l'expression, invoque un je-ne-sais-quoi, une pulsion, une impulsion, une tentation peut-être... Le récit, simplement juxtaposé, d'un tropisme ressenti dans l'enfance révèle le sens telle une métaphore éclairante et globale, une *parabole* somme toute. Peut-on d'abord préciser le statut de ce double et de cet incipit, original pour un récit d'enfance ?

LE DOUBLE

Qui est donc ce double irrespectueux qui ose suspecter chez une dame âgée une retombée en enfance (*E.*, p. 7) et, lorsqu'elle se rebelle contre une interprétation dévalorisante, implacable, fait surgir le fantôme d'une retraite forcée ? « Si, il faut se le demander : est-ce que ce ne serait pas prendre ta retraite ? » (*E.*, p. 8). Une telle mise en scène de la vieillesse est si cruelle qu'elle ne peut relever que de *N. Sarraute elle-même,* se donnant la question comme on se torture. Peut-être le double est-il aussi *une figure du lecteur virtuel*, celui que les précédentes fictions de Sarraute ont rendu fidèle et qui persiste à vouloir lire encore ce qu'il y trouvait. N'est-ce pas lui qui proteste lorsqu'il redoute de la voir « prendre sa retraite » d'écrivain, « se ranger » ? Il invoque cet élément dans lequel « tant bien que mal » se meut N. Sarraute et où elle entraîne son lecteur, l'immergeant dans ces profondeurs où s'expriment ces voix qui sont parfois des silhouettes, et bien rarement des personnages. Néanmoins, pareille modalisation implique, plus qu'une connivence ou une complicité, l'évaluation sans complaisance d'un rapport à soi intime qui nous ramène à l'idée d'un *double où s'amalgament une instance du moi et une figure intériorisée du lecteur fidèle.*

Du reste, N. Sarraute elle-même[1] nommait ainsi l'instance qui l'aide, comme elle le dit, à « remettre les choses en place » et elle ajoute : « c'est un côté plus raisonnable, un côté qui relit et demande : pourquoi tu dis cela ? » Elle-même le compare à l'instance qui surgissait déjà dans *Entre la vie et la mort* : « J'avais employé, pour relire, un *double, ce lecteur idéal* que tout écrivain projette. » Le voilà donc au moins provisoirement identifié, celui avec qui dialogue la voix narrative au moment de se lancer dans ce récit d'enfance qui se veut authentique sans être autobiographique.

1. Voir interview dans *Lire, op. cit.,* p. 92. Voir Dossier, p. 195.

LECTEUR TRÈS AVERTI

Mais ce double change de rôle, comme l'a montré Philippe Lejeune[2], et tient souvent celui de lecteur alerte et gouailleur qui surprend le narrateur en train de se griser de mots, pour le seul plaisir de leurs sonorités ou des images de rêve qu'ils font lever : « tu as fait un joli petit raccord, tout à fait en accord... » (*E.,* p. 21). Ac*cord* rime avec rac*cord.* Le narrateur est suspecté de combler le discontinu des images du souvenir en remplissant les blancs d'une musique, flatteuse à l'oreille, convenue, celle de récits antérieurs dont on retrouve spontanément les mots et la cadence. Lorsque la narratrice accepte le reproche (« oui, je me suis peut-être un peu

2. Philippe Lejeune « Paroles d'enfance », *Revue des sciences humaines,* t. XXXIII, n° 217, janvier-mars 1990, p. 24-40. Voir Dossier, p. 239.

laissée aller »), le double acquiesce avec la connivence de quelqu'un qui connaît les sortilèges de l'écriture : « Bien sûr, comment résister à tant de charme... à ces jolies sonorités... roucoulements... pépiements... » (*E.*, p. 21). Ailleurs il suggère un autre mot plus approprié (*E.*, p. 93). Plus loin, il décèle un euphémisme sous la représentation des façades « mornes » — « mortes, devrais-tu dire, sans avoir peur d'exagérer » (*E.*, p. 113). Lecteur bien sarrautien, il devient plus mordant parfois et arrête la voix narrative sur la pente trop facile de l'élan lyrique : « Fais attention, tu vas te laisser aller à l'emphase... » (*E.*, p. 166). Il suggère une vérification qui « authentifie » le récit autobiographique : « Est-il certain que cette image se trouve dans *Max et Moritz* [1] ? Ne vaudrait-il pas mieux le vérifier ? » (*E.*, p. 48). Très bien informé — trop même quelquefois — de la vie passée de N. Sarraute, il s'insurge contre les rationalisations idéalisantes des adultes, que la voix narrative semble accréditer, en établissant un lien de causalité entre la maladie du père et la douleur ressentie à la mort d'Hélène : « C'est vrai qu'il avait énormément souffert de sa mort, mais il était tombé malade parce qu'il avait attrapé d'elle la scarlatine » (*E.*, p. 118-119). Voilà qui est moins romanesque et répond mieux à l'ordinaire défiance de N. Sarraute contre les dérives de la « fable » dramatique.

1. Wilhem Busch, *Max et Moritz*, adapté de l'allemand par Cavanna, L'école des loisirs, coll. Lutin Poche, 1978, rééd. 1990, p. 51. Voir Dossier, p. 223.

Le double prend aussi parfois la posture d'un psychothérapeute circonspect : « Tu le sentais déjà vraiment à cet âge ? » (*E.*, p. 58). Aussi propose-t-il la substitution du verbe « enfoncé », qui connote le refoulement, à celui d'« effacé », qui dédramatisait trop la réaction de Natacha au rejet de sa mère pendant sa maladie (*E.*, p. 40). La voix narrative première accepte, non sans esquisser une résistance, caractéristique de la vision sarrautienne : elle s'en tient à l'idée d'une profondeur subconsciente, et non pas inconsciente. Mais le double se livre à une *maïeutique* un peu cruelle en exhibant une scène dérangeante qu'elle n'évoquait pas spontanément (*E.*, p. 73) : Kolia et sa mère luttant entre eux pour s'amuser, Natacha avait voulu s'« immiscer » et s'était fait rabrouer. L'instance narrative première met d'abord l'accent sur le réconfort que Natacha aurait ressenti. Mais l'autre instance la pousse à une élucidation plus douloureuse : « Et c'est tout ? Tu n'as rien senti d'autre ? » (*E.*, p. 73). Il l'oblige alors à revivre la scène racontée un peu différemment. On reconnaît la « manière » sarrautienne dans le jeu des variations significatives. La deuxième version modifie la distance narrative ; on passe de l'appellatif « maman » à « la mère ». La dimension de protection que la narratrice avait projetée dans le geste de Natacha est balayée pour y donner à déchiffrer la peur d'être laissée seule ; le double dévoile impitoyablement que Natacha s'accroche à sa mère par laquelle elle s'est peut-être sentie rejetée comme « un corps étranger » (*E.*, p. 76). La narratrice récuse l'interprétation : « Non, cela, je ne l'ai pas pensé... » *(ibid.)*. Et le double de répliquer en thérapeute perspicace, usant des mots chers à N. Sarraute en train d'explorer les zones floues du subconscient, ou de ce qu'elle nomme ainsi : « Pas pensé, évidemment pas, je te l'accorde... c'est apparu, indistinct, irréel... un promontoire inconnu qui surgit un instant du brouillard... et de nouveau un épais brouillard le recouvre... » *(ibid.)*

Le « thérapeute » se fait même aussi *poète* pour explorer par la métaphore un réel indicible et intolérable : « Non, tu vas trop loin... », proteste la narratrice, et lui, implacable : « Si. Je reste tout près, tu le sais bien. » Au moment où la narratrice évoque les réticences de son père à entendre parler de sa mère et où elle suppute ses sentiments d'alors, le double les met au jour (*E.*, p. 127) et l'invite à fouiller davantage dans le maquis des impressions confuses et passées (*E.*, p. 162). Il oblige la narratrice à pénétrer plus avant dans l'analyse de ses réactions envers Véra. Mais curieusement il fait état d'informations sur le passé (*E.*, p. 187-188), hésitant alors entre une posture *critique* et celle d'un *acteur présent à l'époque*, impliqué par conséquent.

LECTEUR NAÏF

Il bascule même parfois dans le rôle inverse de lecteur naïf qui se prend au jeu et veut en savoir davantage. Peut-être veut-il seulement authentifier la scène où Véra signifie avec brutalité à Natacha le rejet dont elle a fait l'objet, lorsqu'il témoigne quelque incrédulité en s'exclamant : « Mais où était-ce ? À quel propos ? (*E.*, p. 182). Il lui arrive en revanche de vouloir forcer la mémoire dans ses retranchements. Ainsi, quand la voix narrative rappelle les après-midi de Natacha au Luxembourg au moment précis du goûter (*E.*, p. 23), il quête des précisions que la mémoire ne livre pas. Là où la narratrice s'arrête pour ne pas inventer, ni faire du « replâtrage » à coups de clichés, le double rêve de trouver la trace d'une singularité déjà révélatrice d'une personnalité exceptionnelle. Il se fait rabrouer (*E.*, p. 24 et 61) lorsqu'il tente de peser sur la narratrice pour qu'elle donne de la scène du manège une version plus glorieuse. Le double se métamorphose même en *lecteur fasciné ou accablé* lorsque est évoquée devant lui l'horreur de l'opération des amygdales, en lieu et place de la visite de la grand-mère maternelle que la mère avait laissé espérer. Le double ne fait aucun commentaire. Il se métamorphose en revanche en *tentateur*, désireux de savourer lui-même de « beaux souvenirs d'enfance » : « laisse-toi aller un peu, tant pis, c'est si tentant... » (*E.*, p. 32). Tentant, certes, mais pour qui ? Il pousse même à la dramatisation, tant redoutée de N. Sarraute, mais si habituelle aux auteurs de récits d'enfance. En effet, au moment où est évoqué le voyage en train pendant lequel Natacha ne cesse de pleurer, alors qu'elle ignore qu'elle sera en fait littéralement abandonnée à son père, le double suggère que la petite fille aurait eu « un pressentiment » (*E.*, p. 108), et tandis que la narratrice tente de rationaliser, en imaginant que la mère se serait trahie, d'une manière ou d'une autre, le double persiste dans sa version romanesque *(ibid.)*.

UN DIALOGISME QUASI MUSICAL

Deux voix tentent de ressaisir la palpitation même de ce passé encore ou de nouveau présent et même brûlant ; jeu de contrepoint subtil qui module le texte, lui donne une sorte de composition musicale. Ici les voix discordent : l'une fait entendre la dissonance que l'autre refusait ; là elles concordent et le texte se fait même jeu d'échos, avec de menues variations. Ainsi la voix narrative première revit les sensations qu'elle éprouvait à réciter en classe une poésie : « Aucune actrice n'a pu en éprouver de plus intense... », complète l'autre voix ; et la première de reprendre en écho : « Aucune » (*E.*, p. 180).

À travers ce jeu d'échos et de variations, plusieurs interprétations sont ainsi fournies au lecteur. Tandis que la première voix veut moins raconter ses souvenirs qu'approfondir ce que peut vivre un enfant en général, la seconde se prend parfois au jeu du récit d'enfance ou de la fiction. Là où la première, fidèle à l'entreprise sarrautienne, veut éviter la constitution de personnages, la seconde y succombe, contribuant à faire de Véra une

« marâtre ». Parfois elle débat à égalité avec la première voix narrative sur le sens de ce qui a été vécu dans le non-dit ou le subconscient. Sa présence fait en tout cas du récit une sorte de *dramaturgie*. Le texte s'anime, bouge sous nos yeux, tandis que le lecteur est amené à prendre parti, arbitrant tel un spectateur, mais aussi un lecteur de lui-même. Car en vertu de quoi peut-il se déterminer, sinon en vertu de sa propre expérience de l'enfance ? Telle est la vérité que recherche N. Sarraute : non point celle de l'aveu mais celle de l'expérience existentielle, authentifiée par le dialogue.

UN CERTAIN CONTRAT DE LECTURE

UNE RÉVÉLATION, À LA CLÔTURE DU TEXTE

N. Sarraute a reconnu l'authenticité de l'expérience existentielle dans le récit de Monique Wittig, *L'Oppoponax*, qu'elle loue d'avoir su rendre « le duvet de l'enfance[1] ». N'est-ce pas ce qu'elle vise elle-même en désignant « ces épaisseurs blanchâtres, molles, ouatées qui se défont, qui disparaissent avec l'enfance... » (*E.*, p. 277), mots sur lesquels se clôt son récit ? Il s'arrête en effet au moment où elle entre au lycée. Nous restons sur le seuil parce que, selon l'instance narrative, elle aborde alors un « espace très encombré, bien éclairé... » (*ibid.*). Est-ce à

1. Voir interview dans *Lire, op. cit.*

dire que son récit sombrerait alors soit dans la facilité, faute d'avoir à lutter contre cette couche protectrice qui enveloppe et préserve les souvenirs d'enfance de l'oubli ou l'altération, soit au contraire se heurterait à une impossibilité, résultant de l'extrême foisonnement d'expériences ? « Je ne pourrais plus m'efforcer de faire surgir quelques moments, quelques mouvements qui me semblent encore intacts, assez forts pour se dégager de cette couche protectrice qui les conserve » (*ibid.*).

Il faut donc attendre les dernières lignes du texte pour déchiffrer *ce contrat*, nous obligeant à lire à rebours pour en évaluer à mesure la réalisation. À l'idée d'un récit linéaire, rétrospectif, se substitue celle d'une mise au jour dans le présent de profondeurs latentes (« quelques moments [...] encore intacts, assez forts », *ibid.*). L'entreprise repose sur la conviction, nourrie par la conscience de soi, que seuls demeurent « quelques *moments*, quelques *mouvements* » ; variation quasi musicale sur ce qui relève d'instantanés, restés inscrits en soi par leur intensité de jadis et peut-être par une sorte de magie liée à l'enfance même (« cette couche protectrice », « ces épaisseurs blanchâtres ».) L'hypothèse est phénoménologique, étayée sur une expérience de la mémoire.

UN AVEU INDIRECT

La narratrice nuance son projet, et donc son contrat avec le lecteur-narrataire, de manière incidente, dans le cours du récit, lorsqu'elle médite sur le pseudo-traumatisme suscité par le mot de l'oncle auquel la petite fille a soumis son premier roman, écrit à sept ans — « avant d'écrire un *roman*[1], il faut apprendre l'orthographe » (*E.*, p. 85). Elle avoue que ce rejet lui a jadis constitué un alibi pour expliquer le caractère tardif de son entrée en « écriture » et elle rectifie : « Mais maintenant, quand je m'efforce de reconstituer comme je peux ces instants... » (*ibid.*) Le terme « reconstituer » implique qu'il ne s'agit pas de livrer une pure spontanéité mais de restaurer le passé et ce, par un travail au présent de l'écriture. Cette restauration ne va pas sans effort ; elle est le fruit de tentatives laborieuses et réitérées (« ce que je parviens à retrouver... ») ; et elle commente plus loin : « Cela ne pouvait pas m'apparaître tel que je le vois à présent quand je m'oblige à cet effort... dont je n'étais pas capable... quand j'essaie de m'enfoncer, d'atteindre, d'accrocher, de dégager ce qui est resté là, enfoui » (*E.*, p. 86). Dur travail, par conséquent, qui n'est pas sans évoquer celui de l'archéologue en train d'effectuer des fouilles. Les termes qui le caractérisent rappellent ceux dont le double usait pour décrire le travail de l'écriture sarrautienne, antérieur à *Enfance* : « tu avances à tâtons, toujours cherchant, te tendant... vers quoi ? [...] ça se dérobe, tu l'agrippes comme tu peux, tu le pousses... où ? » (*E.*, p. 8). Il s'agit donc d'une quête laborieuse, à la recherche d'un passé qu'il faut remettre au jour : la métaphore réapparaîtra dans le récit (*E.*,

1. Souligné par N. Sarraute.

p. 173) au moment où l'instance narrative tente de retrouver les impressions de Natacha quand elle doit choisir elle-même de repartir chez sa mère ou de rester avec son père : elle a conscience alors d'une forme d'échec. Reconstituer le passé n'est pas le revivre *(ibid.)*. En des termes proches de ceux du narrateur proustien, avant l'illumination finale, l'instance narrative avoue là son espoir et l'esquisse d'une déception. Malgré tout, l'enfance est peut-être une étape où N. Sarraute a trouvé un milieu propice à son exploration, à sa lutte pour saisir ces mouvements intérieurs, ces lames de fond. Il faut donc s'aventurer avec elle à la recherche de ce qui est « enfoui », « enfoncé » mais non « altéré », ces « petits bouts de quelque chose d'encore vivant » *(E.,* p. 9), et ce, « avant qu'ils disparaissent... » *(ibid.).* Tel était en effet le premier titre auquel N. Sarraute avait songé[1] et tel est ce qui a, de son propre aveu, motivé le désir d'écrire ce récit : sauver cette part de l'intime menacée de sombrer dans l'oubli. Or l'instance narrative suggère que cette matière livrée par le souvenir a peut-être été préservée par la ouate de l'enfance, « cette couche protectrice » *(E.,* p. 277).

1. Entretien du 23 novembre 1993.

LA «OUATE» DE L'ENFANCE

Qu'est donc cette « ouate » de l'enfance qui travaillerait contre l'oubli ? Est-elle liée à la douceur d'un monde protégé ? À l'absence d'analyse critique ou à la vigueur des sensations pendant l'enfance ? La métaphore est ici heuristique. Elle décrit imparfaitement une impression, un magma de sensations qui constituent une expérience difficile à élucider, et de ce fait stimulante. Il faut déchiffrer en creux ce que N. Sarraute a cherché à « faire surgir », ce qui implique un processus d'élaboration par l'écriture. Il ne s'agit pas de restituer purement et simplement un dépôt mais de lutter contre des forces qui neutralisent, étouffent une réalité plus profonde, originaire et vive. Son intégrité est paradoxalement liée à l'épaisseur même dans laquelle elle est prise. Toute une dialectique de la surface et de la profondeur est désignée par les déictiques (*cette* couche, *ces* épaisseurs), comme si le lecteur en avait lui-même fait l'expérience. C'est à une *genèse* à tous les sens du terme que nous convie le texte, cherchant à se replacer au moment où l'être humain commence à s'approprier le réel en apprivoisant les mots. Tel est l'apprentissage auquel nous associent les chapitres discontinus d'*Enfance*, nous rendant d'abord témoins d'un tropisme paradigmatique qui fonctionne comme une parabole de la naissance du livre.

LA GENÈSE D'*ENFANCE*

1. *Ibid.*

2. N. Sarraute m'a laissée consulter le manuscrit à plusieurs reprises, mais n'autorise plus la reproduction de certaines pages de brouillon que je n'ai pu analyser qu'assez rapidement, tant elle souffre de voir quelqu'un se pencher sur ses ratures.

N. Sarraute commence à écrire *Enfance* en 1980. Elle met trois ans à écrire ce nouvel ouvrage qui, de son propre aveu[1], lui donne plus de peine qu'un autre parce que précisément elle doit sans cesse lutter contre les clichés. La vue du manuscrit[2] témoigne en effet d'une recherche acharnée. Les chapitres, écrits dans l'ordre, sans montage postérieur, font l'objet de plusieurs versions : quatre ou cinq pour le premier, et au moins autant pour le second, ce qui n'exclut pas des ratures, portant sur des mots ou des expressions, mais aussi des dilatations. La confrontation des versions successives révèle qu'elle tente d'éliminer ce qui semble d'emblée convenu ou facile, ou trop évidemment importé d'autres créations artistiques — en particulier les traces d'un intertexte éventuel —, pour lutter contre les images rebattues que ces textes risquaient de substituer à ses propres expériences et à ses souvenirs. Elle dilate en revanche pour introduire une sous-conversation, en écho aux paroles de l'autre. L'écriture de soi est donc ici conquête à travers des refus et des approximations successives. Sur fond de blancs, d'ellipses et de silences, N. Sarraute fait résonner des mots dans toute leur force acoustique — des signifiants donc — pour figurer une expérience totalement singulière que les mots, trop quotidiens, trop usés à force d'avoir été utilisés par tous, ont tendance à édulcorer.

Sans doute est-ce la raison pour laquelle le récit proprement dit s'ouvre sur des mots d'allemand, ceux que prononça la gouvernante, chargée de s'occuper de Natacha en séjour avec son père dans un hôtel suisse. Le but n'est pas ici d'évoquer une scène de vacances mais de convoquer une scène de transgression à travers l'analyse d'un tropisme, analogue à celui qui meut N. Sarraute au moment où elle désire entreprendre son récit d'enfance. L'incipit constitué par la scène avec le double n'est séparé de cette scène que par un blanc typographique. Il n'y a pas de lien logique explicité, mais un *parallélisme* suggéré, une analogie que le lecteur est appelé à détecter dans la refiguration au présent de cette scène passée qui revêt dès lors valeur de parabole.

« " Nein, das tust du nicht. " " Non, tu ne feras pas ça. " » L'allemand présentifie le passé puisque, bien sûr, la gouvernante a formulé l'interdiction dans sa langue. C'est un point d'authenticité, mais comment ne pas entendre résonner, par-delà ces mots qui relèvent de l'enfance de Sarraute, ceux que l'écrivain rappelle dans *L'usage de la parole*, la fiction écrite juste avant *Enfance*, et qui sont les mots mêmes de Tchekhov à l'instant de sa mort : *Ich sterbe*.

Les premiers mots du texte, eux aussi allemands, eux aussi traduits (je meurs), transmettent au lecteur cet ébranlement lié aux signifiants étrangers. Certes, la gravité de l'instant qui dicte à Tchekhov ces mots ne peut être comparée à la menue scène d'une vie d'enfant. Ce qui appelle la comparaison, c'est bien l'usage des mots et la manière dont ils sont commentés par le narrateur de *L'usage de la parole* à l'aide d'une sous-conversation : « Ah voilà, c'est ici, ça vient se blottir ici, dans ces mots nets, étanches » (*U. P.*, p. 13).

Le rapport à l'allemand est ensuite éclairé :

« Voilà pourquoi c'est à vous que je le dis : Ich sterbe. À vous. Dans votre langue. Pas à elle qui est là aussi, près de moi, pas dans notre langue à nous. Pas avec nos mots trop doux, des mots assouplis, amollis à force de nous avoir servi... » (*U. P.*, p. 14).

Dans la fiction, Tchekhov ne peut se référer qu'aux mots trop doux du russe, sa langue usuelle, familière, mais, plus généralement, ne faut-il pas penser que les mots s'émoussent lorsqu'ils sont habituels, que leur relief s'use et que Natacha jadis a d'abord ressenti la force des mots allemands parce qu'ils étaient à la fois intelligibles et étrangers, nets et même coupants. N. Sarraute les dit « bien affilés » et ravive la métaphore (« et moi-même je tranche : Ich sterbe » (*U. P.*, p. 16). La narratrice d'*Enfance* les reproduit pour induire en nous l'ébranlement, ressenti jadis par Natacha. L'interdiction qui lui fut signifiée résonne encore en elle, revêt une dimension castratrice qui déclenche une poussée intérieure, instinctive — un tropisme —, à travers laquelle s'affirme la revendication d'une autonomie. Or N. Sarraute, au moment de débuter son récit d'enfance, sent monter en elle à nouveau ce poids des signifiants étrangers qui portent atteinte à son désir. Sa phrase refigure cette force de jaillissement des profondeurs, cette présence du passé dans le présent, immédiatement convoquée par la similitude de la réaction intime. Le rythme épouse celui même du surgissement ressenti et ressaisi : « les voici de nouveau, ces paroles, elles se sont ranimées, aussi vivantes, aussi actives qu'à ce moment, il y a si longtemps, où elles ont pénétré en moi, elles appuient, elles pèsent de toute leur puissance, de tout leur énorme poids... » (*E.*, p. 10).

UNE RÉITÉRATION
DANS LE PRÉSENT

Tout concourt à expliciter cette résurrection du passé sans altération, ce que reflète le passage du parfait au présent. Il ne s'agit pas d'une simple séquelle du passé, mais d'une réitération dans le présent de sa force de compression, revécue dans et par l'écriture. Les variations sémantiques (puissance / poids) ne font que mieux ressortir la symétrie de la répétition pour rendre la sensation d'un inéluctable écrasement. Mais voici que se développe le tropisme réactif, tel que le découvrent si souvent les autres fictions sarrautiennes : « et sous leur pression quelque chose en moi d'aussi fort, de plus fort encore se dégage, se soulève, s'élève... les paroles qui sortent de ma bouche le portent, l'enfoncent là-bas... " Doch, Ich werde es tun. " " Si, je le ferai. " »(*E.*, p. 10).

La scène continue de se dérouler au présent, puisqu'elle est revécue comme la première fois, et elle met au jour cette dynamique de forces qui constitue l'intériorité selon N. Sarraute. Au poids des paroles de l'autre, répond la pression de ce neutre, ce quelque chose qu'elle ne peut nommer, dont le pronominal figure l'autonomie, tandis que les variations phoniques précisent son mouvement (se sou*lève* s'*élève*). Ses propres mots en allemand sont en quelque sorte engendrés par l'intimation première ; ils constituent la riposte exactement suscitée pour produire l'effet symétrique sur l'autre : « les paroles qui sortent de ma bouche le portent, l'enfoncent là-bas ». Le neutre réapparaît avec le déictique, mais apparaît aussi l'expression d'une dialectique de la surface et de la profondeur, ainsi que d'un rapport de forces entre la conscience de l'autre et soi.

DES SILHOUETTES

À vrai dire, peu importe qui est cet autre : une silhouette presque anonyme, une forme, une présence, celle d'une jeune femme au fond d'un fauteuil dans le salon d'un hôtel. « je le distingue mal », ajoute la voix narrative. On reconnaît l'espace où se jouent les récits et les dramaturgies de Sarraute, lieux de sociabilité où se déploie cet « interdit ». La personne n'a pas d'identité. Loin d'être un personnage, elle n'est qu'une voix, une force d'intimation. En face, la petite fille n'est pas décrite ; on ne la voit pas de l'extérieur. La narration nous fait habiter son désir subit de déchirer la « délicieuse soie à ramages » d'un canapé « d'un bleu un peu fané, aux reflets satinés » (*E.*, p. 11). Le désir semble nourri de cette beauté, de ces jeux de lumière, de la sensation qu'ils suscitent, appelant l'appropriation par la profanation. Mais cela n'est pas dit car la petite fille sur laquelle est focalisé le récit l'ignore. Seules subsistent les paroles de défi, de transgression qui annoncent l'intention et trahissent cette convoitise naissante : « Ich werde es zerreissen » (*E.*, p. 12). Des profondeurs de la mémoire et du subconscient rejaillissent ces mots oubliés mais toujours disponibles, conservés comme des talismans parce qu'ils n'ont pas été corrompus par l'usage — « Mais ces paroles, je ne les ai jamais prononcées depuis » (*E.*, p. 11). Dans le présent de l'écriture, la voix narrative commente pour nous l'efficacité propre de ces signifiants : « le mot " zerreissen " rend un son sifflant, féroce, dans une seconde quelque chose va se produire... » (*ibid.*). Et nous sommes appelés, à travers ce jeu phonique d'allitérations, à revivre avec elle l'instant qui précède immédiatement la transgression, l'attente presque gourmande qu'il provoque : « je vais déchirer, saccager, détruire... ce sera une *attei*nte, un *atten*tat... criminel... » *ibid.*).

LE TROPISME DE TRANSGRESSION

La petite fille est grisée par le sentiment d'une toute-puissance que rien ne pourra limiter. La sous-conversation déploie les impressions confuses, l'espoir et la crainte de n'être pas vraiment sanctionnée, mais surtout le désir d'imprimer sa marque au-dehors à travers la réalisation d'un impossible irréversible. Le tropisme se précise alors, conformément à la manière sarrautienne qui le déplie à travers de petits paragraphes presque strophiques et des métaphores qui le font palpiter sous nos yeux : «" Ich werde es zerreissen. " " Je vais le déchirer "... je vous en avertis, je vais franchir le pas, sauter hors de ce monde décent, habité, tiède et doux, je vais m'en arracher, tomber, choir dans l'inhabité, dans le vide... » (*E.*, p. 12). Cette fois la peur est introduite, celle d'une aventure hors du monde familier, tandis que le second paragraphe laisse deviner l'espoir d'une dédramatisation, désarmante à proprement parler, espoir qui sera du reste récurrent dans les pulsions de Natacha puisqu'on le retrouvera au début du surgissement des « idées » (*E.*, p. 100). On croit déjà entendre ici l'espoir que nourrira Natacha de voir sa mère neutraliser par des paroles légères les terribles idées.

LA VICTOIRE DU «SOI»

Mais la gouvernante réitère l'interdiction dans les mêmes termes, « exerçant une douce et ferme et insistante et inexorable pression » (*E.*, p. 12). Le retour de ce dernier mot fait ressortir la variation des épithètes et l'accumulation des coordonnants. La douceur, bien loin d'annuler la force de la pression, accroît la contrainte. Le « soi » risque d'être englouti, submergé par ce « flot épais, lourd » (*ibid.*) qui coule par ces mots. La métaphore surgit d'une sorte d'égout contre lequel un neutre intime, un soi indéfinissable se débat pour se restaurer. Le lecteur est convié à assister à la victoire inaugurale d'un « ego » triomphant qui se libère à la faveur de la transgression. C'est ce que traduit l'usage des ciseaux, marquant la rupture, source de jouissance : « j'enfonce la pointe des ciseaux de toutes mes forces, la soie cède, se déchire, je fends le dossier de haut en bas et je regarde ce qui en sort... » (*E.*, p. 13). Voilà la figuration indirecte de la transgression que N. Sarraute envisage en déchirant la trame de son passé ou en déchirant le voile qui sépare ses fictions antérieures de ce récit d'enfance autodiégétique.

LA DÉCOUVERTE
DES «ÉPAISSEURS BLANCHÂTRES»

Car son lecteur-scripteur l'a rappelée à l'ordre, à son ordre, comme la gouvernante jadis l'avait rappelée à l'ordre social, à l'ordre de tous. Un tropisme semblable la pousse à écrire sur soi, à attenter à une image de soi, celle qu'elle a donnée jusqu'alors, et à refuser de se laisser enserrer dans ces liens que sont les mots de l'autre, des mots qui fouettent : « " Non, tu ne feras pas ça... " les paroles m'entourent, m'enserrent, me ligotent, je me débats... " Si, je le ferai " » (*E.*,

p. 12-13). Tel est ce qui s'est joué à travers les mots de la gouvernante et qui se rejoue au moment de l'entrée en écriture, puisque la voix narrative réplique au double, presque sur le point de lâcher prise devant tant d'obstination :

« Oui, et cette fois, on ne le croirait pas, mais c'est de toi que me vient l'impulsion, depuis un moment déjà tu me pousses...

— Moi ?

— Oui, toi par tes objurgations, tes mises en garde... tu le fais surgir, tu m'y plonges... » (*E.*, p. 9-10).

Or, que désigne-t-elle par ce neutre sinon ce « là-bas », cet élément où tout est vacillant, où tout fluctue, se transforme, s'échappe, tandis qu'elle cherche à agripper cet innommable, ce je-ne-sais-quoi qui frémit en deçà des mots ou hors d'eux et que le travail de l'écriture exhume ? Un contrat de lecture se précise donc à mesure que se dessinent les traces d'une possible déception, esquissée à travers ce que découvre Natacha, médusée, après avoir déchiré la belle soie à ramages : « Quelque chose de mou, de grisâtre s'échappe par la fente... » (*E.*, p. 13). Des points de suspension séparent la mention du regard et celle de cet envers déconcertant, comme si la pause ainsi marquée faisait place à la déconvenue. À la chatoyante lumière de la soie s'oppose cette matière informe et quelque peu opaque, ou tout au moins sans couleur bien définie. Est-ce déjà l'annonce de la métaphore sur laquelle s'arrête le texte, celle de « ces épaisseurs blanchâtres, molles, ouatées qui se défont, qui disparaissent avec l'enfance... » (*E.*, p. 277) ? Le jeu d'échos est évident ; il n'en garde pas moins son mystère. Que signifie cette métaphore qui tente de cerner l'enfance ou du moins de circonscrire son atmosphère ? Est-ce une manière d'évoquer son monde protégé, rassurant que l'écriture doit percer pour faire revivre les moments intenses, demeurés intacts mais parfois inquiétants ou troublants ? Le geste de transgression par l'écriture ne risque-t-il pas de se heurter à la même déconvenue que celle de Natacha face au canapé déchiré ? La scène de naguère, devenue ainsi inaugurale, jette sur l'écriture du récit d'enfance, et sur le risque qu'elle comporte, une étrange lueur, faisant du récit entier l'aventure d'une transgression où l'issue compte moins que l'aventure elle-même. Aussi s'arrête-t-elle brutalement sur l'aveu d'un désarroi et peut-être d'un désenchantement :

« Rassure-toi, j'ai fini, je ne t'entraînerai pas plus loin...

— Pourquoi maintenant tout à coup, quand tu n'as pas craint de venir jusqu'ici ?

— Je ne sais pas très bien... je n'en ai plus envie... je voudrais aller ailleurs... » (*E.*, p. 277).

Le blanc dans la disposition typographique suggère un silence embarrassé de la narratrice. N. Sarraute n'aime pas pêcher en eau trop claire. Elle se sent hors de son élément dès que les contours sont trop fermes. L'enfance lui est apparue comme ce milieu propice à sa lutte avec ces mouvements intimes, ces drames minuscules que sont les tropismes. Il faut donc nous aventurer avec elle à la recherche de ces turbulences intérieures de jadis. Où donc nous entraîne-t-elle à travers ces scènes discontinues qu'elle abandonne parfois brutalement, sans commentaire, qu'elle organise en séquences juxtaposées, dans des chapitres qui ne forment pas tous une unité homogène ? À quoi répondent ce rythme syncopé, cette apparente absence de logique qui nous laisse le soin de relier, d'interpréter ?

LES PARCOURS POSSIBLES

UNE TYPOGRAPHIE SIGNIFICATIVE

La juxtaposition de chapitres sans titre tend d'abord à déconcerter le lecteur, d'autant qu'à l'intérieur de chaque chapitre, on trouve des séquences — presque des strophes si l'on se réfère à la disposition typographique —, qui répondent au discontinu des phrases, segmentées par des points de suspension. Les silences sont ainsi figurés, laissant au lecteur le soin de les remplir à sa guise. N. Sarraute s'est expliquée sur l'usage constant de cette ponctuation qui donne au texte la vibration de l'incertitude, de l'approximation, le trou des silences, laissant le lecteur libre de compléter.

« Ah ! ces points de suspension ! J'aimerais bien m'en passer mais ils me sont absolument nécessaires. Ils donnent à mes phrases un certain rythme, grâce à eux, elles respirent. Et aussi ils leur donnent cet aspect tâtonnant, hésitant, comme cherchant à saisir quelque chose qui, à tout moment, m'échappe, glisse, revient et cet aspect haché, c'est comme des bribes de quelque chose qui déferlent. Elles sont suspendues en l'air, comme cabrées devant la convention littéraire, la correction grammaticale qui les amèneraient à se figer, s'enliser. Un peintre a dit qu'achever une toile, c'est l'achever. Je crains que ce soit ce qui arriverait à mes phrases[1]. »

1. Interview de N. Sarraute après la parution de *Vous les entendez*, cité par par Alan Clayton, in *Sarraute ou le tremblement de l'écriture*, Minard, Archives des lettres modernes, n° 138, p. 24.

De surcroît, à l'intérieur d'un même chapitre, on trouve, juxtaposées, des scènes que ne regroupe aucun lien sémantique apparent : ainsi l'image grisâtre et morne de l'école maternelle jouxte celle de la terreur engendrée par l'opération des végétations (*E.*, p. 25). Ici, point de récit de naissance pour débuter, ni non plus de refus explicite de ce type de récit. La voix narrative ne raconte pas une histoire, fût-ce la sienne. Les scènes se succèdent, suscitées, semble-t-il, par des images soudain trop prégnantes pour être éludées. Ainsi en va-t-il, on l'a vu, de la première scène, où le souvenir se superpose à l'expérience — vécue au présent — du désir d'écriture de soi. Mais pourquoi la seconde ? Est-ce l'image du premier hôtel en Suisse qui attire celle du second hôtel par analogie ? Il faudrait dans ce cas suivre un fil spatial qui constitue, en effet, l'un des repères possibles.

UN FIL SPATIAL ?

L'image finale des épaisseurs « blanchâtres, molles, ouatées » semble faire écho à ce «quelque chose de mou, de grisâtre» (*E.*, p. 13) qui s'échappait du canapé. L'impression est ainsi donnée d'un itinéraire auquel nous sommes conviés et d'un montage soigneux à travers des scènes que relie un déroulement spatio-temporel. Mais la vue du manuscrit révèle sans contredit que les chapitres ont été rédigés dans l'ordre où ils apparaissent au lecteur. Il faut donc supposer que les scènes se regroupent et surgissent à partir de ces cadres a priori de la sensibilité qui structurent l'imaginaire. Car elles ne sont reliées par aucun récit linéaire, explicatif, aucune logique apparemment évidente; elles semblent resurgir au gré d'une *remémoration spatiale et chronologique*, même si le début semblait vouloir éviter au moins l'inscription temporelle. Ainsi, entre le premier et le second chapitre, l'enchaînement s'opère par association de contiguïté.

Certes, un autre enchaînement pourrait être déchiffré entre le premier et le second chapitre, fondé sur la transgression. Natacha y refuse en effet la loi du savoir-vivre, dictée par les adultes aux enfants qui doivent manger à l'heure et selon un certain rythme, pour observer une loi connue d'elle seule, reçue de sa mère à laquelle la lie un engagement sacré. Elle transgresse donc une loi pour rester fidèle à une autre. Mais ce fil de la transgression ne reparaît qu'avec la sixième scène, celle du poteau que Natacha a touché, en dépit de l'interdiction maternelle. Il faut donc s'en tenir, au moins provisoirement, à l'enchaînement spatial et temporel.

Après les vacances en Suisse, le retour à Paris chez la mère, autour de la rue Gay-Lussac où se succèdent les scènes dans un quartier restreint — celui où se meut un enfant de cet âge — et bien identifiable : l'appartement de la rue Flatters, l'arrivée au jardin du Luxembourg par « la place Médicis » (*E.*, p. 20), le boulevard Port-Royal et de nouveau le Luxembourg avec la bonne (*E.*, p. 22-24), l'école maternelle située rue des Feuillantines (*E.*, p. 25) ; on ne quitte pas les 5e et 6e arrondissements. Mais les vacances annuelles en Russie, à Kamenetz-Podolsk chez l'oncle maternel Gricha, en Ukraine, non loin de la frontière roumaine, du côté de la Bukovine (*E.*, p. 31-40), puis celles avec le père impliquent que le fil chronologique domine et reprenne ses droits, comme dans tous les récits d'enfance. Cela devient patent avec l'évocation de la maison natale d'Ivanovo dans la région de la Volga, puis à Moscou, toujours avec le père (*E.*, p. 41-45), avec une visite aux grands-parents paternels (*E.*, p. 55-56). Natacha revient à Paris, au Luxembourg, cette fois avec le père (*E.*, p. 57-59 et 60-65), pour l'épisode du manège, rue Boissonade, où elle fait la connaissance de Véra, dans un quartier fort proche de celui de la mère. Sans transition, sinon par le jeu des comparaisons entre les maisons, nous sommes transportés à Saint-Pétersbourg avec la mère et Kolia (*E.*, p. 68-105). Si le premier voyage est occulté, le douloureux voyage de retour de Russie en France en passant par Berlin n'occupe pas moins de quatre chapitres, coupant l'ouvrage en deux. Nous revoici à Paris, autour du parc Montsouris (*E.*, p. 113), dans un quartier où loge le père et qui semble triste à Natacha, contrairement à celui de sa mère, auparavant. Une telle évocation de l'espace relève donc bien davantage de critères affectifs, même si les repères spatiaux permettent sans doute une organisation des souvenirs dans la seconde partie du récit. Celle-ci se déroule presque entièrement dans ce quartier qui jouxte le parc Montsouris, si l'on excepte les étés à Meudon ou Clamart, l'incursion à Vanves dans la fabrique du père et quelques échappées dans une nature plus riante pour des promenades en forêt de Fontainebleau, à Versailles, ou des vacances en Isère.

Les lieux se succèdent alors en vertu d'une espèce de topographie de la vie d'un enfant ayant atteint l'âge de ce que les Latins nommaient *puer* par opposition à *infans* : d'un côté, les scènes de la vie sociale, où s'opposent l'univers strictement scolaire (cours Brébant, école de la rue d'Alésia, devoirs chez l'institutrice Mme Bernard et pour finir, le trajet vers le lycée Fénelon) et celui des jeux et compagnons de jeux : au parc Montsouris (*E.*, p. 138), avec Micha, sur l'avenue d'Orléans (*E.*, p. 141), ou encore chez Lucienne Panhard, au bout de l'avenue du parc Montsouris, « à côté de l'entrée du parc » (*E.*, p. 177) ; de l'autre, des scènes de la vie familiale, où alternent encore les scènes d'intérieur et d'extérieur : la scène où Véra pleure dans sa chambre (*E.*, p. 201-205) et maintes scènes dans la chambre de Natacha, par opposition aux incursions heureuses dans la nature. Les repères spatiaux donnent donc au récit sa consistance réaliste : ils l'authentifient. Ils constituent un substrat de la remémoration. L'évocation de l'itinéraire qui la mène à l'hôtel où est descendue sa mère, après leur longue séparation de deux ans, en est l'exemple le plus frappant : « je tourne à gauche dans la rue d'Alésia jusqu'à la place de Montrouge, puis encore à gauche dans l'avenue d'Orléans et, arrivée à la porte d'Orléans, à gauche de nouveau, sur le même trottoir, deux ou trois maisons plus loin, il y aura un petit hôtel... et le voici, je le vois, c'est l'" Hôtel Idéal " (*E.*, p. 250).

Mais chaque espace semble surtout inséparable des *personnages* qui l'ont dominé. Ainsi, le souvenir de l'oncle Iacha est retrouvé à l'aide d'un itinéraire fait avec lui de la rue Flatters au Petit Luxembourg (*E.*, p. 153). Ces espaces ne sont donc jamais purement référentiels mais fortement connotés, ce que vérifiera l'analyse ultérieure de la dimension autobiographique. Les images se succèdent, plus ou moins chargées d'impressions ou de sensations, et l'espace semble n'entrer en jeu que pour autant qu'il les suscite.

UNE TEMPORALITÉ SUBJECTIVE

La chronologie reprend ses droits avec l'apparition de la maison d'Ivanovo (*E.*, p. 43), où Natacha est revenue à trois ans. Le constat est alors formulé avec humour, et modulé à la fois par le double et la narratrice, qu'il est impossible à sa mémoire à elle de régresser au-delà, comme y prétendent d'autres auteurs de récits d'enfance mieux... doués.

Donc, pas de régression jusqu'au moment de la naissance. Après les deux premières scènes où Natacha a autour de cinq ans — c'est dit dans le texte —, nous revenons à un moment où elle s'endort en écoutant les grandes personnes parler. Quel âge a-t-elle ? Deux ans, âge auquel elle a quitté Ivanovo avec sa mère ? Ou plus ? Son dos arrive à la hauteur de la jambe de sa mère ; l'âge n'est pas donné puisque le récit est focalisé sur elle et que notre perception épouse la sienne. Nous voyons les grandes personnes à partir de la taille qu'avait alors l'enfant ; c'est classique dans de tels récits[1]. Dans la séquence suivante, avec la bonne au Luxembourg, Natacha ne sait toujours pas lire l'heure mais marche seule dans la rue, sans pouvoir traverser. A-t-elle quatre ans ? La focalisation sur l'enfant qu'elle était rend les précisions difficiles. Elle va en tout cas à l'école maternelle (*E.*, p. 25), ce qui suppose qu'elle a entre trois et cinq ans.

UNE TEMPORALITÉ SINUEUSE

Lorsqu'elle se rend avec sa mère chez l'oncle Gricha, elle lit déjà des livres de la bibliothèque rose mais chez tante Aniouta, elle commence seulement à apprendre à lire l'heure (*E.*, p. 35). Il s'agit donc d'une année

1. Richard N. Coë, *When the Grass Was Taller. Autobiography and the Experience of Childhood*, Yale University Press, 1984.

antérieure puisqu'elle allait chaque année en vacances chez l'oncle maternel. La fin du chapitre nous la montre passionnée par *La case de l'oncle Tom*, ce qui suppose qu'elle a au moins six ans, et sans doute davantage. Puis le récit régresse vers la troisième année de Natacha, de retour à Ivanovo, quitté à l'âge de deux ans. Elle apprend avec son père les jours de la semaine et se pose des questions sur le temps. Nous reconnaissons là l'âge métaphysique des enfants. A-t-elle trois ans, ou bien quatre ans puisque les vacances chez son père sont aussi annuelles ? Le repère temporel est donné indirectement, par le biais de la taille relative de l'enfant par rapport à son père (*E.*, p. 43). Ensuite, les scènes semblent à peu près respecter l'ordre chronologique. Mais les repères temporels demeurent flous parce qu'ils sont indirects. Ainsi, quel âge a-t-elle lors du soir de Noël à Moscou : trois ans ou quatre ans ? On l'amuse encore avec un boulier (*E.*, p. 50), elle feuillette des livres d'images ; il faut donc choisir l'hypothèse la plus basse. Il n'est guère facile non plus de dater avec exactitude la scène du manège ; le repère donné demeure celui vécu par la petite fille : « Je suis assez grande maintenant pour que l'on ne m'installe plus dans une voiture, je peux m'asseoir à califourchon sur ce lion jaune ou putôt sur ce cochon rose... » (*E.*, p. 60). Elle a au moins quatre ans, et sûrement même davantage puisque des enfants plus petits qu'elle attrapent l'anneau qu'elle réussit rarement à saisir. Au moment de l'extase au Luxembourg, on vient de lui offrir les *Contes* d'Andersen qu'on lui lit (*E.*, p. 66). A-t-elle quatre ou cinq ans ? Nous la retrouvons à Saint-Pétersbourg en train de jouer au jeu des familles et de lire *Le prince et le pauvre* de Mark Twain, *David Copperfield* et *Sans famille*. Nous en sommes réduits à supputer son âge d'après ses lectures : entre six et huit ans. Le récit s'en tient à ce que sentait ou faisait Natacha alors. Comment dater l'épisode où elle soumet son roman à l'oncle ? A-t-elle déjà ses huit ans ? Elle ne peut avoir davantage puisque nous apprenons peu après (*E.*, p. 108) que nous sommes en février ; et nous savons (*E.*, p. 116) que Natacha n'avait pas neuf ans. Il faut attendre la page 246 pour découvrir que Natacha a maintenant onze ans et la page 249 pour qu'elle retrouve sa mère, le 18 juillet 1911. L'ultime repère donné sera la date d'août 1914, au moment où, la guerre étant déclarée, la mère repart affolée en Russie. Mais justement le récit d'enfance ne s'arrête pas sur cette date, ce qui eût constitué une fin mélodramatique ou du moins romanesque, faisant coïncider le malheur public et le malheur privé. Le récit revient en arrière, au moment où Natacha entre au lycée Fénelon ; elle a douze ans.

Il est visible que ce fil chronologique soustend le récit mais ne l'organise pas. Trop de scènes essentielles sont datées de manière imprécise ; la focalisation sur l'enfant qu'elle était implique un certain flou, les âges et les dates n'intervenant qu'au moment où elle-même peut les manier. Le récit se fait, dans le détail, plus sinueux. La scansion des souvenirs ne relève-t-elle donc pas plutôt d'une respiration intime, avec des temps forts et des temps faibles, des épisodes où le temps passe légèrment et d'autres où il faut s'appesantir, avec la nécessité d'éclairages différents ?

UN TEMPO DE L'INTÉRIORITÉ

Ainsi, on relève quelques prolepses — c'est-à-dire des anticipations ; certaines ont pour fonction d'orchestrer ce qu'on peut appeler, après Jankélévitch, la « primultimité[1] » de l'instant, à savoir le sentiment que l'on a de vivre un moment exceptionnel, sans précédent et qui ne se reproduira jamais. C'est le cas du fragment où est narrée l'extase au Luxembourg ; c'est aussi celui du moment où elle prend conscience du lien indéfectible qui l'attache à son père alors qu'elle s'est sentie trahie par sa mère (*E.*, p. 116). Ailleurs, il s'agit de mettre en perspective la prise de conscience de ce que lui apporte l'école primaire par opposition au lycée (*E.*, p. 176). Une fois, la voix narrative se situe au moment de l'écriture, pour louer l'égalité entre les sexes qui régnait très naturellement dans le groupe d'émigrés russes. Dans la plupart des cas, la prolepse met en perspective le passé par rapport à un avenir, connu au moment de l'écriture ; elle tend donc à construire le récit en fonction de sa fin et à en faire celui d'un apprentissage. Ainsi, elle met en relief la joie ressentie après la première rédaction,

1. V. Jankélévitch : « la première fois est ressentie comme si intense qu'elle apparaît aussi déjà comme une " dernière fois " » ; cité par G. Genette, in *Figures III*, Le Seuil, coll. Poétique, 1972, p. 110.

consacrée à son « premier chagrin » (*E.*, p. 210-214) ; ou, inversement, la rage parce qu'une fois elle n'est pas la première en version latine (*E.*, p. 217), alors qu'elle est en classe de troisième au lycée Fénelon.

VARIATIONS SUR LE PRÉSENT

Le récit est plus rarement encore troué d'analepses, c'est-à-dire de rétrospections ; une seule est nette, celle du retour à Ivanovo. Le reste du temps, il semble tiré en avant par le désir de retenir le passé dans le présent. En revanche il obéit à une temporalité étrange. Tout se passe comme si les scènes se rejouaient au présent, tantôt *singulatives* et tantôt *itératives*, ce qui donne au texte une sorte d'étrange « patine » : le présent est utilisé pour décrire les scènes itératives de jeux au Luxembourg (*E.*, p. 22-23) ou à Saint-Pétersbourg (*E.*, p. 69-70) ; mais il reparaît pour convoquer la scène très singulative où la beauté de la poupée suscite soudain le malaise, puis les « idées » dont il figure l'accumulation.

UN RYTHME

Peut-être le rythme pèse-t-il ici plus que la chronologie, et l'aspect plus que le temps, comme c'est du reste le cas en russe, que Natacha parlait couramment sans l'écrire, tout comme N. Sarraute, aujourd'hui. Le lecteur est amené à épouser le rythme des impressions de l'enfant. Celles-ci se succèdent sans coup férir, sans aucun lien apparent, au gré des impressions confuses ou imprévisibles, reçues jadis de l'extérieur, ou reconstituées dans le présent à la suite d'on ne sait quel ébranlement intérieur. Cela pourrait expliquer que dans la même séquence voisinent l'évocation grisâtre de l'école maternelle, où tout est nu, sombre et noir, et celle de la terreur suscitée par l'opération des végétations (*E.*, p. 25) : d'abord le temps faible, celui du continu ; puis un instant saillant, celui de la violence. Ainsi, de longs développements reconstituent l'atmosphère réglée et même rituelle des vacances chez l'oncle Gricha. L'unité repose certes sur le lieu mais surtout sur la volonté de communiquer cette atmosphère de bonheur paisible, si souvent typique de l'enfance ou des récits qu'on en fait, mais rompue ici par la dissonance finale, liée à l'attitude maternelle, que le récit nous fait vivre en direct et au rythme de Natacha.

Les temps permettent d'identifier le principe de ce rythme : le passé composé intervient pour évoquer la maison de tante Aniouta, et ce qu'il en reste dans le souvenir, mais le présent l'emporte dès que les scènes se précisent, se rapprochent en quelque sorte. Ainsi alternent les scènes itératives de jeux, les descriptions de lieux et les scènes singulatives, telle celle de la promenade en calèche, avec le regard aigu de tante Aniouta sur les chaussures de Natacha qui doivent être remplacées (« À toi aussi, il en faut d'autres... », *E.*, p. 36). Il y a même un jeu d'aspects plus subtil encore puisque la scène *itérative* de jeu avec les flacons (*E.*, p. 36-37) est écrite comme si elle était *singulative*, sans doute parce qu'elle est intense et exemplaire. La séquence de la maladie infantile — rubéole ou varicelle (*E.*, p. 40) — est écrite au présent itératif, avec, à l'arrière-plan, les images de *La case de l'oncle Tom* et, au premier plan, la mère, sa lecture *recto tono*, et sa hâte trop évidente d'en finir. Curieusement on revient au passé composé pour évoquer la dissonance finale, comme au ralenti et avec pudeur. Ainsi est répercutée la voix « off » de la mère dont les paroles parviennent à la fille un peu étouffées, sans lui être adressées. Ce même temps répond au refoulement par Natacha de l'émotion ressentie alors, qui « s'est vite effacée [...] ».

TEMPS FORTS ET TEMPS FAIBLES

Les longs chapitres correspondent à des temps forts du récit, soit qu'ils marquent des moments de bonheur, des découvertes heureuses, soit qu'ils scandent des instants clefs, ou des tournants décisifs. Il n'est donc pas inutile de s'interroger sur la distribution des scènes à l'intérieur des chapitres. Le second chapitre ne relate qu'une scène, dont les images sont encore prégnantes ; il raconte l'exclusion dont Natacha fait l'objet, dans la salle à manger des enfants (*E.*, p. 14). La scène est rapportée au présent comme si elle était singulative. Or nous apprenons ensuite, par quelques imparfaits disséminés, qu'elle est en fait itérative : « Mais aucun de ces mots vaguement terrifiants, dégradants, aucun effort de persuasion, aucune supplication ne pouvait m'inciter à ouvrir la bouche... » (*E.*, p. 15).

Au premier plan surgissent les images du passé, la sous-conversation d'alors, tandis qu'à l'arrière-plan, la voix narrative rappelle que les mots sont d'aujourd'hui si les sensations sont d'hier (*E.*, p. 17). Le présent n'est pas ici l'indice de l'unicité de la scène, ni seulement de la concomitance avec le moment de l'écriture, mais la marque d'un temps fort lié à un premier plan du récit. Tout se joue au présent, dans une lutte entre l'atemporalité des profondeurs et la menace de l'oubli. Cela nous donne en tout cas un principe de déchiffrage du tempo : au premier plan, des scènes fortes, denses, qui nous introduisent dans l'intériorité de l'enfant et dans son présent vif ; à l'arrière-plan, l'itératif et l'imparfait nous ramènent à un quotidien moins brûlant, parfois plus doux, avec l'usage du passé composé et son aspect résultatif : « Et tout s'est effacé, dès le retour à Paris chez ma mère... » (*E.*, p. 19).

Sur fond d'images plus ou moins grises ou lumineuses selon les moments, surgissent des scènes plus émouvantes, avec une accélération due à l'accumulation des valeurs de premier plan : « Je l'attends, je guette, j'écoute les pas dans l'escalier, sur le palier... [...] on me prend sur les genoux, on me serre, je me débats, on m'appuie sur la bouche, sur le nez un morceau de ouate, un masque, d'où quelque chose d'atroce, d'asphyxiant se dégage, m'étouffe, m'emplit les poumons, monte dans ma tête, mourir c'est ça, je meurs... » (*E.*, p. 26). Or cette impression brutale de mourir et d'être morte, dans un contexte où est aussi présente la « ouate », resurgit à la fin du court chapitre suivant, quand Natacha a touché le poteau interdit (*E.*, p. 28) : cette fois, au premier plan résonnent les mots de la mère, et seulement au second plan l'impression d'être morte puisque ce n'est que la conséquence de l'interdit. Tout le texte obéira à ce balancement lié à la force de l'émotion : ici, quelques courtes séquences telles que celle consacrée à la récitation faussement naïve du poème, ou la scène de la danse avec celle qui sera plus tard identifiée comme étant Véra (*E.*, p. 64) ; là, des séquences plus graves et plus longues. Cela nous invite à déchiffrer, par-delà les événements mêmes du récit, le sens de la « mise en récit ». Le parcours auquel incite cette succession de scènes repose donc moins sur les changements spatio-temporels que sur la quête de tropismes ressentis dans l'enfance, remis au jour, puis élaborés par cette écriture au présent. Le rythme n'est jamais celui d'un flux constant. Il n'est pas imprimé de l'extérieur. Il répond, comme dans les « fictions » de N. Sarraute, à un tempo de l'intériorité, lié à l'abondance et l'importance des tropismes. Mais il relève plus affectivement encore d'une bipolarité intime, celle qui a divisé jadis la vie de Natacha, opposant *le côté de la mère* et *le côté du père* (voir *infra*, p. 115). Nous y retrouvons les points nodaux de

l'investigation sarrautienne : les ⟨…⟩
les moments de malaise, les fluctu⟨…⟩
personnage, mais aussi les étapes cru⟨…⟩ et
les expériences les plus brûlantes de cette
enfance.

II   UN RÉCIT TRÈS SARRAUTIEN

LES TROPISMES ET L'ENFANCE

La voix narrative première s'arrête sur les moments de vibration interne que connaît même un enfant, à l'insu des adultes. Il s'agit bien de ces mouvements indéfinissables qui glissent très rapidement aux limites de notre conscience et que N. Sarraute nomme « tropismes » (*E.*, p. 41). Ils sont selon elle à l'origine de nos gestes, de nos paroles, de nos sentiments, et ce sont eux qu'elle poursuit de récit en récit. Veut-elle faire saisir ce qui se déroule dans la conscience confuse d'un enfant face à un adulte qui cherche à user de son autorité, elle se revoit dans son défi lancé à la gouvernante, qui n'est ici que le parangon des grandes personnes en général, comme l'indique le « vous » collectif auquel elle s'adresse — « je *vous* en avertis » (*E.*, p. 12).

Le récit tend à montrer que la relation de l'enfant à l'adulte repose sur un accord tacite où chacun tient un rôle convenu et nécessaire. Tel est le sens de la « variation », au sens musical du terme, à laquelle se livre la narration sarrautienne sur les sensations qui animaient Natacha au moment où elle cherchait à s'endormir et où son père acceptait d'abord de la bercer. L'élaboration par l'écriture est ici rendue manifeste ; toute une dramaturgie rituelle est restituée à travers un dialogue de gestes et de sensations : « Il est assis sur une chaise derrière moi et il me chante une vieille berceuse... » (*E.*, p. 52). La narratrice élabore évidemment au moment de l'écriture ce qui était ressenti jadis, au point qu'elle rejoint ce moment même en avouant qu'elle se chante encore aujourd'hui pour elle-même cette berceuse de jadis, puis elle revient à l'instant précis où elle l'écoutait. Tout se passe hors des mots. Les points de suspension scandent les moments d'hésitation, de silence ; le futur proche décrit le scénario prévisible (*E.*, p. 53). La sous-conversation met ici en mots le langage du désir de Tachok alors et exhibe l'ambivalence de l'intériorité. La figuration de ce menu tropisme de l'enfance dévoile ce que cache le rituel. Le double, par ses intimations, oblige à mieux l'élaborer, puisque la narratrice reparcourt méthodiquement le scénario de jadis (*E.*, p. 54).

Une convention implicite fonctionnera souvent avec son père. En revanche, c'est au nom d'un accord conclu avec sa mère que Natacha résiste à toutes ces grandes personnes et même à son père, en refusant d'avaler une nourriture qui n'est pas devenue « aussi liquide qu'une soupe » (*E.*, p. 17). La voici pareille à un chevalier dans un tournoi où elle se veut le « champion » de sa mère contre les autres adultes : « je tiens bon sur ce bout de terrain où j'ai hissé ses couleurs, planté son drapeau... » (*ibid.*). Cette image, mise au point par la narratrice adulte, traduit les tropismes vécus par l'enfant qu'elle était et pour qui la parole de la mère était comme un lien sacré dont elle n'a pas le droit de s'affranchir, sous peine de briser l'accord.

TROPISMES ENFANTINS

Le tropisme est un mouvement imperceptible pour autrui, incommunicable et même paradoxal. L'ambivalence de Natacha à l'égard de sa mère rend impossible la formulation claire du tropisme et entraîne cette apparente anorexie. En focalisant le récit sur Natacha, la narration s'interdit toute interprétation freudienne : « Cela me désole d'imposer ce désagrément à cette personne si douce et patiente, de risquer de faire de la peine à mon père... » (*E.*, p. 18). Elle fait habiter ce monde de l'enfance devenu étranger au lecteur-narrataire, initié à nouveau, et conduit à retrouver dans ses propres souvenirs des tropismes semblables. Car il est des épisodes moins inquiétants que celui de la soupe. Une convention semblable et tacite fonctionne entre Nathalie et sa mère lorsque celle-ci parle à sa fille ou raconte on ne sait quoi en l'emmenant au Luxembourg (*E.*, p. 20). La synesthésie des sensations révèle que l'enchantement est ressuscité comme pour la berceuse. Images et sonorités produisent l'effet d'une mélodie aux paroles indistinctes, sinon inintelligibles, et l'enfant est bercée justement parce que la parole la touche sans la solliciter. L'accord peut même fonctionner avec la bonne dont les cheveux exhalent une désagréable odeur de vinaigre : « Il a donc été *convenu* que je pourrais me tenir assez loin d'elle, sauf bien sûr pour traverser... » (*E.*, p. 22). Une sous-conversation explicite le code : « S'il arrive par malheur que je n'aie pas assez d'air pour tenir tout au long de la traversée, il est hors de question que je mette la main sur mon nez... elle me l'a permis pourtant... mais il m'est impossible de le faire... [...], cela pourrait lui faire deviner la répulsion produite en moi... pas par elle, pas par ce qu'elle est » (*E.*, p. 23).

Tout repose sur cette relation silencieuse, médiatisée par des gestes, et fondée sur une minuscule « institution » : une convention.

LES DYSFONCTIONNEMENTS DE LA CONVENTION : L'ENFANT-SINGE

Pourtant, que de scènes montrent un dysfonctionnement de cet accord, une dissonance ou même une rupture presque totale ! Tout est faussé : l'enfant est sommée de jouer un rôle convenu qui l'emprisonne et fait d'elle une sorte de singe, victime d'un dressage. Déjà la fiction nous avait mis en garde contre ces « enfants plus enfants que nature » (*D.I.*, p. 109). Ces enfants sombrent dans la comédie parce qu'on les y pousse. Tel est l'enjeu du treizième chapitre d'*Enfance* où nous sommes placés directement dans la conscience de Natacha en train de réciter un poème. Le récit, focalisé sur l'enfant, est élucidé par la narratrice adulte qui met en mots ce sentiment qu'a la petite fille d'une comédie obligée. Quel âge a-t-elle donc ? Trois ans ? Quatre ans peut-être. On la soulève sous les bras et on la place debout sur une chaise. La circonstance est rappelée (un mariage), mais nous ne saurons pas si nous sommes chez le père ou chez la mère : « ... je fais de mon propre gré une petite révérence de fillette sage et bien élevée et cours me cacher... auprès de qui ?... qu'est-ce que je faisais là ? ... qui m'avait amenée ?... » (*E.*, p. 63). Tout s'est donc effacé sauf ce tropisme : « tout en récitant, j'entends ma petite voix que je rends plus aiguë qu'elle ne l'est pour qu'elle soit la voix d'une toute petite fille, et aussi la niaiserie affectée de mes intonations... je perçois parfaitement combien est fausse, ridicule, cette imitation de l'innocence, de la naïveté d'un petit enfant... » (*E.*, p. 62).

Bien que le récit ait glissé du féminin nettement affirmé, avec la référence à la voix « aiguë » que doit avoir une petite fille, à un masculin non sexué (petit enfant), seule est ici en cause l'idée que les adultes se font du devoir-être d'un enfant en général, défini par l'« innocence », la « naïveté ». L'enfant doit se conformer de l'extérieur à cette norme ; aussi la naïveté bascule-t-elle dans la niaiserie. C'est du faux, une copie frelatée, dérisoire. Le texte stigmatise lourdement cette caricature de nature (affectée, fausse, ridicule) ; il interprète aussi en prêtant à l'enfant une sous-conversation peu vraisemblable mais qui traduit l'impression globale, confuse d'un piège dans lequel elle se sent prise : « j'ai été poussée, j'ai basculé dans cette voix, dans ce ton, je ne peux plus reculer, je dois avancer affublée de ce déguisement de bébé, de bêta, me voici arrivée à l'endroit où il me faut singer l'effroi, j'arrondis mes lèvres, j'ouvre mes yeux tout grands, ma voix monte, vibre... " Quand on a peur du loup, du vent, de la tempête... " et puis la tendre, candide émotion... » *(ibid.)*. Voici donc, comme dans *Les mots* de Sartre, l'enfant rendu comédien par le désir de l'adulte, la complicité dans laquelle il sombre et l'inauthenticité dont il fait l'expérience. Pourtant le jeu paronomastique sur les mots « bébé », « bêta » exhibe le fonctionnement du texte, l'élaboration poétique au présent par la narratrice de l'impression éprouvée jadis d'un dédoublement et d'une manipulation. L'écriture se déploie donc sur deux portées, comme une partition de musique : sur l'une, la récitation, la scène de jadis avec l'énonciation propre à la petite fille ; sur l'autre, la clef est donnée pour déchiffrer le sens véritable de la rougeur ambiguë qui brûle les joues de Natacha : elle pouvait passer pour celle de la fierté émue alors qu'elle était celle de la honte. Le récit entend lever un malentendu entre enfants et adultes et dissiper le sortilège qui asservit l'enfant à ce que l'adulte attend de lui. Le rôle assigné est donc bien ici celui d'une *fille*[1] ; mais l'accent n'est mis que sur ce *lieu commun* où l'expérience du lecteur peut croiser celle de l'enfant, jadis contraint à l'imposture, et celle de l'adulte, lui-même coupable ou abusé. Le tropisme ne se révèle donc pas seulement une dramaturgie, une interaction entre des intériorités, il montre que l'adulte a oublié, déformé ou *refoulé* ce qu'il a jadis vécu. La singularité de la scène est progressivement gommée au profit de cette expérience paradigmatique qui dévoile la contrainte exercée sur l'enfant — tout enfant, fille ou garçon.

LA CONTRAINTE ET...
L'ENFANT FOU

En effet, dans toutes les fictions de N. Sarraute, nous sommes confrontés à cette soumission insidieusement requise de l'enfant, comme on le voit dans *Portrait d'un inconnu*[2], puis à travers le personnage de Gisèle dans *Le planétarium*[3]. Déjà dans *Tropismes*, la petite jeune fille déférente mais frétillante se voyait entraînée dans le jeu du vieux monsieur auquel elle allait tenir compagnie.

« Il la regardait qui gigotait un peu, qui se débattait maladroitement en agitant en l'air ses petits pieds,

[1]. M. Marini défend l'idée suivant laquelle N. Sarraute a systématiquement neutralisé la différence sexuelle, « L'élaboration de la différence sexuelle dans la pratique littéraire de la langue », *Cahiers du GRAD*, 1987, Voir Dossier, p. 244.

[2]. Voir Dossier, p. 213.

[3]. *Le planétarium*, p. 48.

d'une manière puérile, et qui souriait toujours aimablement [...].

Il n'y avait pas moyen de s'échapper. Pas moyen de l'arrêter [...]. Il allait continuer, sans pitié, sans répit [...] tandis qu'elle chercherait à se dégager doucement, sans oser faire des mouvements brusques qui pourraient lui déplaire, et répondrait respectueusement d'une petite voix tout juste un peu voilée : " oui, Dover, c'est bien cela " » (*Tro.*, p. 94-95).

La figuration rend le récit subversif en démasquant un *dressage*, plus nettement dénoncé encore dans le rapport du grand-père à son petit-fils qui emprunte, comme par hasard, au registre de l'alimentation et plus exactement de la déglutition.

« Et le petit sentait que quelque chose pesait sur lui, l'engourdissait. Une masse molle et étouffante, qu'on lui faisait absorber inexorablement, en exerçant sur lui une douce et ferme contrainte, en lui pinçant légèrement le nez pour le faire avaler, sans qu'il pût résister — le pénétrait, pendant qu'il trottinait doucement et très sagement, en donnant docilement sa petite main, en opinant de la tête très raisonnablement » (*Tro.*, p. 53).

Cette mise en scène du comportement de l'enfant près de son grand-père démasque le jeu de la soumission, explicitement dénoncé dans *Enfance*. Le mot « contrainte » était déjà présent dans la fiction ; la métaphore de la déglutition semble bien puiser son origine dans une expérience infantile déterminante vécue par Natacha. On a voulu en effet lui faire absorber du calomel qu'on a enrobé dans une cuillerée de confiture de fraises : « je détourne la tête, je n'en veux plus... elle a un goût affreux, je ne la reconnais pas... que lui est-il arrivé ? dans sa bonne saveur de toujours quelque chose s'est glissé... quelque chose de répugnant s'y dissimule... elle me fait mal au cœur » (*E.*, p. 45).

Un petit dialogue avec on ne sait qui révèle la volonté de tromper l'enfant par un mensonge que le père se refusera à cautionner. Or la narratrice retrouve dans ses impressions d'aujourd'hui le retour de cette sensation, liée à l'expérience d'une contrainte doublée d'une tromperie (*E.*, p. 46). Cette expérience phénoménologique dévoile, derrière la persistance de la sensation, un mode d'être au monde et tend à faire de l'épisode une nouvelle parabole de la contrainte sournoise qui accable l'enfant et qu'il doit identifier et dépasser pour conquérir son authenticité et son autonomie.

UNE MÉCONNAISSANCE DE L'ENFANT

Ainsi, on taxe l'enfant de folie parce qu'on ne pénètre pas sa logique propre. Nul ne comprend, pas même son père, l'obstination de Tachok à ne pas avaler la nourriture qui est dans sa bouche tant que celle-ci n'est pas « aussi liquide qu'une soupe » (*E.*, p. 17). Il ne s'agit pas ici directement d'alimentation, ni même d'une obstination absurde, mais d'une relation à la mère, d'un serment. Tant qu'elle le respecte, sa mère est présente auprès d'elle : « J'ai beau leur dire, leur expliquer [...]. Ils hochent la tête, ils ont des petits sourires, ils n'y croient pas... [...] Ils s'impatientent, ils me pressent... » (*E.*, p. 16).

Le malentendu est total — « c'est un enfant insupportable, c'est un enfant fou, un enfant maniaque... » (*E.*, p. 14). Or, tout en mesurant le désordre, l'incompréhension qu'engendre sa « folie », Natacha ne peut ni ne veut se conduire comme « un faible petit enfant » (*E.*, p. 18) qui n'aurait pas la fermeté de tenir sa parole. Le divorce est total entre l'enfant et l'adulte. Un « soi » se forge ainsi dans la tourmente et contre l'autre. On le voit mieux encore dans le chapitre consacré à la naissance et l'installation de ce que Natacha, faute d'autres mots, nomme ses « idées ».

LES «IDÉES»

Il s'agit de ces turbulences intimes qui se sont emparées d'elle d'abord à la vue de la belle poupée de coiffeur ; celle-ci a suscité le sentiment d'un décalage qu'elle ne peut ou n'ose nommer entre cette image de la beauté et celle que sa mère a voulu lui imposer, en lui inspirant l'idée qu'elle est « incomparable ». La manière dont la narratrice formule ce malaise ne laisse aucun doute sur l'identification ; il s'agit bien d'un *tropisme* : « Je sens soudain comme une gêne, une légère douleur... on dirait que quelque part en moi je me suis cognée contre quelque chose, quelque chose est venu me heurter... » (*E.*, p. 91). La reprise en chiasme du pronom indéfini neutre traduit l'impuissance à nommer, puis la sensation s'élabore d'elle-même ; d'où le neutre, le déictique et le pronominal : « ça se dessine, ça prend forme... une forme très nette : " Elle est plus belle que maman " » (*E.*, p. 91-92). La formule — car c'en est une — porte les stigmates de cette transgression, élaborée dans le présent de l'écriture : « Je n'ai d'ailleurs gardé aucun souvenir de cette opération que j'ai pourtant dû accomplir... seul m'est resté le malaise, la légère douleur qui l'a accompagnée et sa phase ultime » (*E.*, p. 94). Or cette fois le tropisme devient envahissant, dévastateur, irrésistible ; l'enfant le nomme « idée », faute de mieux, mais nous dirions *obsession*, à voir la manière dont elle la décrit : « elle est toujours là, blottie dans un coin, prête à tout moment à s'avancer, à tout écarter devant elle, à occuper toute la place... » (*E.*, p. 98). Toute tentative de refoulement la renforce : « On dirait que de la repousser, de trop la comprimer augmente encore sa poussée » (*ibid.*).

EXCLUSION ET « FOLIE »

Elle fait basculer l'enfant dans une forme de folie (il s'agit d'une perception de soi, non du jugement de l'adulte) ; elle se sent stigmatisée par une différence, celle qui l'exclut de la « ronde » des autres enfants : « Un enfant qui porte sur lui quelque chose qui le sépare, qui le met au ban des autres enfants... » (*ibid.*). Natacha est souvent taraudée par l'image de l'enfance que se font les adultes, et particulièrement ici sa mère, image qu'ils érigent en norme : « des enfants légers, insouciants que je vois rire, crier, se poursuivre, se balancer au jardin, dans le square... et moi je suis à l'écart. Seule avec ça, que personne ne connaît, personne, si on le lui révélait, ne pourrait le croire » *(ibid.)*. Nous retrouvons l'exclusion et le sentiment d'une solitude absolue. À travers cette représentation intime mais distanciée d'elle-même enfant, la narratrice met en cause les clichés sur l'enfance, déjà exhibés dans son œuvre de fiction, dans *Portrait d'un inconnu* ou dans *Entre la vie et la mort*. Mais cette fois, le malaise est devenu « sacrilège » ; la comparaison de la poupée avec la mère est dangereuse, interdite par la mère elle-même. Après un long silence peuplé par ses réflexions, voire ses obsessions, la petite fille s'est enfin résolue à dire ce qu'elle vient de découvrir pour exorciser la peur de la transgression : « et ça ne me fera plus mal, ça disparaîtra, nous repartirons tranquillement la main dans la main... » *(E.,* p. 95). Mais le rêve n'est pas exaucé ; la catastrophe se produit, même si son ampleur n'est pas tout de suite visible. La mère a répliqué par une sentence courroucée et sans appel : « Un enfant qui aime sa mère trouve que personne n'est plus beau qu'elle » *(ibid.)*. Le double a beau tenter de rationaliser pour atténuer le choc, on en revient à l'intolérable impression de jadis et aux syllogismes que la sentence maternelle a engendrés, entraînant la petite fille dans un maelström dont elle ne peut se dégager et qui la fait basculer dans une insurmontable ambivalence (*E.*, p. 97). Ce tropisme fait vaciller l'identité de Natacha et en particulier la relation à la mère.

LES ENFANTS : UNE « ESPÈCE » À PART ?

On voit ici se déployer le mode de contrainte de l'adulte à l'encontre d'un enfant : il édicte des lois d'autant plus fortes qu'elles passent par l'affectivité. L'enfant doit s'y conformer sous peine d'être rejeté dans l'anormalité, dans la folie. Telle est la sanction qui s'abat sur l'enfant qui, d'une manière ou d'une autre, n'accepte pas de rejoindre sa « catégorie », son « espèce » ; ce terme survient lorsque l'instance narrative première commente la parole de Véra — « Comment peut-on détester un enfant » (*E.*, p. 273) ? — et la traduit par une sous-conversation de Natacha : « Mais plus tard, quand je n'appartiendrai plus à cette catégorie de pitoyables pygmées aux gestes peu conscients, désordonnés, aux cerveaux encore informes... » (*E.*, p. 274). Le texte déconstruit ici la notion d'enfant telle qu'elle circule dans l'imaginaire social. L'enfant — fille ou garçon — risque toujours d'être emprisonné dans cette norme qui lui assigne un « devoir-être ». Mais tel est aussi ce dont il doit progressivement se dégager s'il veut sortir de la servitude du conformisme et conquérir son identité. C'est ce qu'on peut voir en confrontant deux tropismes de peur dans les deux parties de l'ouvrage.

Ainsi, on ne comprend pas l'enfant qui dit sa terreur, on le croit fou alors qu'il connaît la genèse de sa peur : « On a oublié de recouvrir le tableau » (*E.*, p. 89). Or ce tableau, que N. Sarraute nous a permis d'identifier (il s'agit de *L'île des morts* de Böcklin), inspire inévitablement l'angoisse, que refigure la narration focalisée sur l'enfant (*ibid.*). Cette vision fantastique, cauchemardesque, d'une allée d'arbres métamorphosée en procession de revenants connote non seulement la mort mais la peur de la castration. La narratrice n'a pas besoin d'en faire l'analyse ; la figuration suffit, avec l'évocation de la lumière « verdâtre », des robes blanches, du livide et du blafard : tout l'éclairage est macabre, tandis que les qualifications des arbres — « pointus », « rigides » — renvoient à des symboles phalliques menaçants. L'enfant sollicite le juste exorcisme d'« une grande personne » à « l'air désinvolte, insouciant » (*E.*, p. 90) qui dédramatise ou plutôt neutralise l'objet.

Une scène semblable dans *Tropismes* insinue l'idée que cette angoisse ne sera que provisoirement domptée : un enfant, dressé sur son lit, appelait. Des grandes personnes arrivaient, secourables : « Les linges entre leurs mains devenaient inoffensifs, se recroquevillaient, devenaient figés et morts dans la lumière » (*Tro.*, p. 115). Cela continue alors qu'il est devenu grand. La peur le menace encore et, « quand elles le laissaient enfin raccommodé, nettoyé, arrangé tout bien accommodé et préparé, la peur se reformait en lui, au fond des petits compartiments, des tiroirs qu'elles venaient d'ouvrir, où elles n'avaient rien vu et qu'elles avaient refermés » (*Tro.*, p. 117).

Le jeu des superpositions de textes révèle que l'enfant n'était pas fou mais que les grandes personnes présumaient de leur pouvoir, qui n'était que suspensif. Car l'angoisse est au fond de l'être. Aucune grande personne ne peut, à elle seule, l'exorciser tout à fait, ne pouvant induire qu'une rémission.

LA FIN DU SORTILÈGE

Cette angoisse réapparaît plus tard avec le délire produit par la fièvre, mais aussi — et c'est plus révélateur — au moment où Natacha, à onze ans, fait un cauchemar ; on menace de l'étrangler, les mains semblent acquérir une redoutable autonomie :« je vois les mains étrangleuses, elles s'approchent de mon cou par-derrière... » (*E.*, p. 245) ; elle appelle au secours son père qui ne manque pas de prononcer les paroles rituelles : « Tu es folle. » Et Natacha d'incriminer le cinéma, le film *Fantômas*, son père qui l'a autorisée à le voir. Un tropisme se développe alors, non plus la peur mais une révolte qui la dresse contre le rejet du père et curieusement la libère (*E.*, p. 246). Le sortilège est en définitive dissipé par la détente et le rire, avec le retour au réel (ce ne sont que des gants de « gros caoutchouc », *ibid.*). Un chemin est donc ouvert au lecteur à travers la figuration exemplaire de cet exorcisme, ainsi relié à une rébellion, à une insurrection du « moi », rendue possible précisément par la résistance de l'adulte qui n'a pas triché, n'a pas requis de soumission, a fait appel à un « soi », à une

maîtrise de soi : « tu te laisses aller comme
un bébé, une vraie mauviette... à onze ans ne
pas pouvoir se dominer à ce point, c'est hon-
teux. C'est la dernière fois que tu as été au
cinéma... » (*ibid.*). Le « soi » se redresse ainsi,
d'autant plus haut qu'il affronte des
épreuves. Dans la seconde partie du texte,
nous verrons en effet Natacha s'amuser à
convoquer les fameuses « idées », désormais
inopérantes. Par une sorte de psychodrame,
Natacha en essaie qui, cette fois, concernent
le père, mais justement : « elles sont discrètes
maintenant, les idées, elles ne font que me
traverser, elles m'obéissent, c'est moi qui
décide de les retenir, de les faire rester le
temps qu'il faut, quand il m'arrive d'avoir
envie de les examiner, avant de les congédier. Aucune ne peut me faire honte, aucune
ne peut m'atteindre, moi. Oh que je me sens
bien... Jamais plus ça ne m'arrivera.
Jamais... » (*E.*, p. 136).

Ce qui s'est produit est clair : elle a
conquis une forme d'autonomie au sens fort
du terme ; elle est en possession d'elle-
même. Ce sera une autre histoire de voir
comment cela s'est aussi vite réalisé.

UN TROPISME POSITIF

Mais un autre tropisme nous met sur la voie,
celui qui surgit à l'un des moments les plus
pathétiques du texte, lorsque enfin la mère
fait mine de vouloir reprendre Natacha si on
la lui achemine (*E.*, p. 173). Le choix est
donné à l'enfant elle-même par le père et

devant lui. Natacha hésite et ce qui la détermine nous est d'abord présenté au ralenti, par une métaphore énigmatique qui épouse le mouvement de sa découverte, et que le double éclaire. La première voix narrative retrouve, derrière le silence qui s'est instauré entre Natacha et son père, la brusque réapparition du neutre, de ce quelque chose qu'elle s'est efforcée d'éloigner, qui l'a tiraillée, peut-être aussi le sentiment d'une écrasante responsabilité, et soudain voici ce tropisme non immédiatement identifié comme tel par le lecteur : « Quelque chose s'élève encore, toujours aussi réel, une masse immense... l'impossibilité de me dégager de ce qui me tient si fort, je m'y suis encastrée, cela me redresse, me soutient, me durcit, me fait prendre forme... Cela me donne chaque jour la sensation de grimper jusqu'à un point culminant de moi-même, où l'air est pur, vivifiant... » (ibid.). Ce tropisme positif — puisque c'en est un —, avec l'habituelle apparition du neutre, du déictique, des pronominaux et l'introduction de l'image du « tuteur », se formule presque dans les termes de la « tentation du Christ au désert » (« un sommet d'où si je parviens à l'atteindre, à m'y maintenir je verrai s'étendre devant moi le monde entier... rien ne pourra m'en échapper, il n'y aura rien que je ne parviendrai pas à connaître... », ibid.). Ainsi se cristallise ici la jouissance, ressentie par Natacha à l'école primaire, de pouvoir donner sa mesure, avec une soif de savoir qui aimante la totalité de son existence — « (elle lui donnait un sens, son vrai sens, son importance... » (*E.*, p. 174). Ce tropisme positif, engendré par l'école primaire, sera monnayé en une série d'expériences de même nature, celle de la dictée, de la première rédaction, des devoirs à la maison qui lui permettent de demeurer dans sa chambre sans y être dérangée. Les lectures ne susciteront pas moins de tropismes, faisant lever des images motrices, liées à un rapport aux mots qu'il faudra scruter à part. Même la scène exceptionnelle de l'extase au Luxembourg peut être déchiffrée comme l'avènement subit d'un tropisme positif.

Tout ce récit d'enfance peut donc être lu, presque d'un bout à l'autre, comme la quête de tropismes à travers lesquels l'enfant se constitue en sujet autonome face aux adultes, et parfois contre eux. Car ils essaient de l'asservir, de la ligoter dans des mots, de l'embrigader dans un conformisme, figuré par l'image de la ronde. Le récit entend dévoiler l'autre côté de la vie, celui que voit l'enfant et que l'adulte méconnaît en le traitant de « fou ».

L'ENFANT, ET NON UNE ENFANT

L'IMAGE D'UNE FILLE ?

Le monde de l'enfance que fait découvrir ici N. Sarraute n'est pas d'abord celui d'une petite fille, même si nous pouvons nous représenter la petite fille qu'elle fut, de manière allusive et parfois indirecte : nous la voyons en effet « toute petite » dans son « manteau de velours blanc si beau » qu'elle semble dedans une « vraie poupée » (*E.*, p. 55). Nous la revoyons en petite fille « sage et bien élevée » (*E.*, p. 63) dans la scène de la récitation. De nouveau une image vestimentaire nous permet de nous représenter la petite fille vêtue d'un joli manteau « bleu foncé, avec un col et des parements de velours bleu », et même des « gants de peau » (*E.*, p. 68). Elle cultivera exprès certaine ressemblance avec sa mère (*E.*, p. 128) et nous aurons droit à un portrait en miroir à travers sa camarade de jeux, Lucienne Panhard (*E.*, p. 177). N. Sarraute n'a donc pas systématiquement gommé la « différence sexuelle[1] », même si en effet elle dit sans cesse « je » et désigne l'instance narrative au masculin — « grandiloquent » (*E.*, p. 8), « outrecuidant » (*E.*, p. 9), sans doute pour s'inscrire en faux contre une assimilation avec l'auteur implicite —, ou à ce masculin singulier général — un enfant — qui ne préjuge pas de cette différence. Le sexe n'est pas nié mais il n'est pas l'enjeu du récit. Il n'y a, semble-t-il, aucun tropisme, aucune sensation qui n'ait pu être aussi celle d'un petit garçon : rien sur l'éveil de la sensualité, même si l'enfant respire avec plaisir l'odeur de cuir du cocher de l'oncle Gricha (p. 33), même si elle flaire « comme un petit chien » Kolia, le mari de sa mère, au moment de le quitter, « pour mieux [se] le rappeler... retenir son odeur de tabac et d'eau de toilette »

1. N. Sarraute s'explique sur le point de la différence sexuelle dans les entretiens qu'elle a eus avec Simone Benmussa, *Nathalie Sarraute, qui êtes-vous ?* Voir Dossier, p. 196.

(*E.*, p. 105). On voit bien le parti qu'en eût tiré Simone de Beauvoir sur l'éveil de la sexualité féminine. Rien n'est ici nié, mais rien non plus n'est commenté en ce sens. L'accent est mis — de manière ô combien sarrautienne — sur « ce qui l'emplissait, le gonflait même un peu, sa gentillesse, sa bonhomie » (*E.*, p. 106), c'est-à-dire sur un mode de présence au monde non sexué, celui que tentent de saisir toutes les fictions sarrautiennes.

LA QUÊTE DE LA GÉNÉRALITÉ

Tous les enfants, on le sait, ont une grande acuité de sensation. Explicitement le récit met l'accent sur les enfants en général, que Natacha rejoint ou non par sa conduite. Elle joue au Luxembourg « comme les autres ». Elle donne alors une image classique, presque conventionnelle, de ce que font tous les enfants (*E.*, p. 24). Elle refuse que l'enfant soit une « espèce » à part, selon le préjugé réfracté par Véra. Elle justifie ainsi sa réaction face aux mots russes de Véra : « Je n'en étais pas émerveillée comme je le suis maintenant, mais ce qui est certain, c'est que je n'ai pas perdu une parcelle... *quel enfant la perdrait ?*... de tout ce que ce verbe et le " tu " qui le précédait " tiebia podbrossili ", me portaient... » (*E.*, p. 183). Cette dialectique se manifeste plus clairement lorsque Natacha, poussée par un tropisme, se met à user d'un mot trop lourd pour son père — celui d'amour. Le double interroge avec quelque scepticisme : « Tu le sentais vraiment déjà à cet âge ? » (*E.*, p. 58). Or la réponse ne peut manquer de surprendre parce qu'elle implique, à son tour, une « catégorie » de l'enfance, niée ailleurs, ou du moins très relativisée : « Oui, aussi fort, peut-être plus fort que je ne l'aurais senti maintenant... *ce sont des choses que les enfants perçoivent mieux encore que les adultes* » (*ibid.*).

Voilà Nathalie Sarraute en train de donner au monde de l'enfance une supériorité sur celui des grandes personnes. Ce en quoi elle rejoint ici la tonalité de beaucoup de récits d'enfance. Son but semble de faire découvrir une généralité : ce que font d'habitude les enfants qui ont la « légèreté », l'« insouciance » qu'elle éprouve tant de peine à avoir (*E.*, p. 61). Mais à ce point le texte bascule : la dimension autobiographique refait surface, dans la mesure où l'instance narrative, voulant rejoindre le monde des enfants que méconnaissent les adultes, est amenée à faire apparaître ce qui était alors sinon sa différence, du moins celle que sa situation la contraignait à ressentir, avec l'angoisse de n'être pas « un enfant comme les autres », de subir une fatalité : « Le mal était en moi. Le mal m'avait choisie parce qu'il trouvait en moi l'aliment dont il avait besoin. Il n'aurait jamais pu vivre dans un esprit sain et pur d'enfant comme celui que les autres enfants possèdent » (*E.*, p. 100). Elle reparle ensuite d'elle-même utilisant ce masculin indifférencié : « quand j'étais ce faible petit enfant titubant » (*E.*, p. 190) ; et de nouveau lorsqu'elle évoque un vrai premier chagrin « de vrai enfant » (*E.*, p. 209). Il est possible, vu son idéologie sur ce point[1], qu'elle souhaite annuler la différence sexuelle, au nom de l'égalité entre les sexes — que respectaient spontanément les émigrés russes, amis du père (*E.*, p. 200) — et de son refus de croire à une quelconque *écriture féminine*. Mais si l'on regarde de plus près, on discerne plutôt la volonté d'explorer le monde de l'enfance, tel que les enfants le vivent de l'intérieur.

L'ENFANCE VÉCUE DE L'INTÉRIEUR

En manifestant partout une volonté d'intégration, Natacha n'est donc qu'un exemple parmi d'autres comme le suggère la quête du sujet de la première rédaction taillé « à la mesure d'un enfant de [s]on âge » (*E.*, p. 212). Le récit semble même porter la trace d'une sorte de rêve de ce que sont les « vrais enfants », en s'appesantissant sur les nurses anglaises et « leurs enfances champêtres de filles de pasteurs, d'instituteurs... » (*E.*, p. 262). Tout se passe comme si le récit portait la trace des clichés en vertu desquels l'enfant s'évaluait et ne se trouvait pas comme les autres. Mais l'investigation phénoménologique n'est plus ici séparable d'une nostalgie très singulière, très personnelle, liée à son histoire propre et au sentiment qu'elle eut de ne pouvoir être une enfant pareille aux autres, avec l'insouciance qui définit les enfants heureux, et leur étrange soumission. On quitte alors l'opération de pure connaissance, poursuivie par le récit, pour entrer dans la révélation de soi à travers le récit d'enfance autobiographique : il s'agit d'aller chercher dans les origines la raison d'être d'une différence profonde, d'une singularité essentielle.

LA LUTTE AVEC L'HYDRE DU PERSONNAGE

Avant de nous attacher à la dimension critique de cette quête d'identité autobiographique, nous ne pouvons, malgré tout, manquer de retrouver d'abord dans le texte d'*Enfance* la défiance très sarrautienne envers la tentation toujours renaissante de créer des personnages et de sombrer dans le romanesque. Dans *Portrait d'un inconnu*[1], N. Sarraute ironisait sur la manière dont Tolstoï constituait le personnage du vieux prince Bolkonski, plus vrai que nature, parce que, selon elle, Tolstoï lui donnait, par quelques procédés classiques, une intensité romanesque que la vie refuse à chacun. Elle justifie l'impossibilité de créer des « personnages » qui aient un nom, une identité stable parce que, en les décrivant, en les faisant vivre sous ses yeux, elle se retrouve face à un être exsangue, informe et gris : semblable à la matière grisâtre qui s'échappait jadis du canapé déchiré ? Elle redoute donc, au nom de la vérité, le romanesque du récit, les événements ou les crises qui donnent au personnage une consistance, une épaisseur que la vie lui refuse parce qu'elle se dissout en menus incidents sans relief, en gestes timides à peine esquissés qui ne forment, mis bout à bout, ni une histoire ni un récit..

1. Voir Dossier, p. 200.

Or on voit poindre ici la tentation, sans cesse renaissante et sans cesse combattue, du récit romanesque, et de la constitution en personnage de la personne du récit auto-biographique. À cet égard, le récit sarrau-tien opère devant nous un exorcisme. Il est d'abord très révélateur que les personnages les plus manifestement romanesques soient aussi les plus périphériques. Ainsi, dans la maison de vacances de Vanves, près de l'usine de produits chimiques, Natacha découvre un personnage digne de figurer dans un film d'épouvante : « Dans la salle à manger vient s'asseoir à une autre table un homme au visage bouffi et blafard que me rappellera plus tard l'acteur qui jouait l'assassin dans le film allemand " M " » (*E.*, p. 117[1]). Le romanesque est donc à la fois dans le réel et dans le regard qui l'inter-prète. Madame Péréverzev, chez qui Nata-cha va parfois jouer, n'est qu'une rapide présence mais son visage raconte une his-toire que le récit ne développera pas et se borne à suggérer par la seule esquisse (*E.*, p. 124). Son époux revêt peu ou prou l'apparence bien romanesque et littéraire de Tchekhov lui-même (*E.*, p. 125). À la scène réelle vécue jadis se superpose — déjà alors, ou bien au moment de l'écriture ? — une véritable scène de Tchekhov.

1. Ce personnage sort en effet du film allemand *M. le Maudit*, de Fritz Lang. L'acteur ainsi évoqué est Peter Lowe.

Ceux qui traversent ce récit d'enfance prennent volontiers l'allure de personnages romanesques, soit du fait de leurs personnalités hautes en couleur, soit du fait des *légendes* qui les entourent d'une aura. Monsieur Bilit a quelque chose d'un nouveau cousin Pons, mâtiné d'un personnage de Hitchcock (*E.*, p. 195). Du reste, on nous raconte l'histoire de ces émigrés de manière globale comme dans une chanson de geste : ce sont « des êtres extraordinaires, des révolutionnaires, des héros qui ont affronté sans flancher les plus terribles dangers, tenu tête à la police du tzar, lancé des bombes... » (*ibid.*). Il n'y a sans doute là rien qui ne soit vrai, mais la condensation du récit produit la dramatisation. Par l'usage de futurs du passé (« quand ils seraient au pied du gibet »), le fragment souligne que nous sommes dans la conscience de la petite fille qui héroïse ces personnes, les intègre à des récits légendaires et patriotiques qu'elle a lus ou entendus, voire à des chapitres de Dostoïevski, nous laissant vérifier que le personnage est créé par les actions qui lui sont prêtées. La distanciation critique dans son propre récit se manifeste par cet usage du discours indirect et de ces futurs dans le passé où se marque la projection imaginaire. Dans cette même scène, le père lui-même (*E.*, p. 198) s'anime, devient autre. Il « joue » pour lui-même et pour autrui un rôle un peu inquiétant (*E.*, p. 197). Natacha vient de découvrir la métamorphose possible d'un proche qu'elle aime en un étranger. La petite fille en ressent un malaise, dont le texte donne bientôt la clé puisque le père fait ici du théâtre : « Mon père [...] ne peut s'empêcher, quand quelqu'un lui déplaît, de s'emparer de lui et d'en faire un personnage si inquiétant, si compliqué et si comique que tous l'écoutent comme fascinés, enchantés de son humour, de ses trouvailles, de ses saillies... » *(ibid.)*. Voilà donc le père devenu de manière inusitée, grâce à cette société où il se sent de nouveau chez lui, à la fois dramaturge et acteur. Du reste, la fin de la scène montre qu'on était presque au théâtre puisque, désormais, « toutes les chaises sont vides, les lumières sont éteintes, on peut se retirer, se reposer enfin... » ; et Véra « donnait l'impression qu'elle soufflait sur la flamme d'une bougie, d'une lampe... » *(E.*, p. 200). Le récit dénude la manière dont se fabriquent le personnage et le romanesque, mais la distance demeure celle de l'humour, car la petite fille était séduite, si la voix narrative est celle d'une romancière expérimentée. L'élaboration romanesque est subtilement démontée à propos du personnage de « babouchka », la mère de Véra *(E.*, p. 228), puisque Natacha mêle au récit entendu des images puisées dans un roman qu'elle lisait et que sa mère jugeait mauvais. Mais c'est à propos de Véra qu'on sent le mieux la tentation du personnage.

LE STATUT PROBLÉMATIQUE
DE VÉRA

Nous la voyons d'abord à travers le regard émoustillé de Natacha qu'elle a fait valser ; elle n'est alors qu'une silhouette romanesque de jeune femme gaie et originale. Elle fait une entrée très théâtrale (*E.*, p. 64). Natacha est manifestement séduite ; Véra ressemble plus à une grande sœur qu'à une marâtre. La deuxième image brouille la première ; la voici muée en une jeune femme compassée, méconnaissable. Tout en elle semble ici trop contrôlé, presque contrefait ; elle inquiète Natacha, le mot est lâché *in fine* (*E.*, p. 112). Véra est ici un « personnage » qui ressemble à Mrs Murdstone, la sœur du beau-père de *David Copperfield* dont la lecture enchanta la petite fille. La coiffure de Véra n'est qu'un masque de respectabilité. Le récit surprend de nouveau la petite flamme dans ses yeux lorsqu'elle se bat littéralement avec sa fille Lili pour la faire manger. Elle se métamorphose alors en tigresse. Le fragment est focalisé sur Natacha qui la voit comme elle voyait les animaux au jardin d'acclimatation (*E.*, p. 145). Le terme de marâtre, évité, est avancé par le double, sans être totalement disqualifié.

UNE JEUNE FEMME DÉSEMPARÉE ?

On sent alors la volonté de la première voix narrative de rapporter tout ce qui peut nuancer, voire écarter cette image. Voici Véra en train de tenter de manger ses pâtes, sans appétit, auprès d'une Natacha qui dévore joyeusement, puis en train d'apprendre à la petite fille à monter à bicyclette ; elles rient ensemble avec une réelle connivence. Mais cette rémission n'est-elle pas due au cadre bucolique, somptueux, de la forêt en automne ? De nouveau survient une image flatteuse pour Véra qui façonne des cigarettes pour le père de Natacha, fascinée par ses doigts agiles en train de triturer le tabac. Une Véra jeune et gaie reparaît lorsqu'elle recouvre les livres de Natacha ou admire elle-même le beau T contourné dont celle-ci orne l'initiale de leur nom (*E.*, p. 164).

UNE IMAGE DE MÈRE PHALLIQUE ?

Mais la même Véra interdit qu'on donne des bananes ou de la cervelle à Natacha, les réservant à sa propre fille. Au moment où l'on pourrait croire qu'elle a enfin adopté l'enfant, la revoici « plus sifflante encore, plus vipérine qu'elle ne l'était assez souvent dans ce temps-là » (*E.*, p. 260). N'a-t-elle pas quelque chose d'une « mère phallique » avec son boa autour du cou et son « large chapeau de velours marron » (*E.*, p. 182), tandis que des mots « durs et drus » jaillissent de sa bouche ? On croirait vraiment la mauvaise jeune fille du conte *Les fées*. Du reste, quand elle prononce le prénom de Natacha, elle avale durement les voyelles (*E.*, p. 114). Seules semblent subsister des consonnes, laissant ainsi transparaître la rage, la rancune qui l'habitent sans cesse mais se manifestent plus évidemment dans les signifiants russes du verbe *(podbrossili)*, connotant le rejet violent (*E.*, p. 182). Déjà auparavant Véra avait eu la cruauté de signifier à la petite fille : « Ce n'est pas ta maison » (*E.*, p. 130). Le double souligne alors la parenté de cette scène avec les pires moments des contes de fées : « Tout à fait ce que la méchante *marâtre* aurait pu répondre à la pauvre Cendrillon. C'est ce qui t'a fait hésiter... » *(ibid.)*. Curieusement le double exhibe ce que Natacha craignait de faire (une lecture dramatisée de sa propre vie ?), ou bien ce que la narratrice redoute (la constitution de Véra en personnage de marâtre ?). Une dernière intervention explicite de Véra souligne encore le peu de chaleur dont elle était capable envers cette petite qui la sollicite avec inquiétude, mais non sans quelque inconsciente agressivité : « Dismoi, est-ce que tu me détestes ? » (*E.*, p. 272). Loin d'obtenir au moins la « tape rassurante » (*E.*, p. 273) espérée, escomptée, Natacha n'obtient qu'une généralité embarrassée qui constitue une sorte d'aveu implicite.

VÉRA ET LE « BONNET D'ÂNE »
INVISIBLE

Alors la narratrice — mais peut-être est-ce l'inventivité de l'enfant d'abord ? — imagine un autre personnage qui vient altérer l'identité du premier ; une qualification se cristallise pour caractériser sa manière butée, simpliste de s'exprimer par phrases toutes faites, stéréotypées, telles que « ça ne se fait pas » (*E.*, p. 191) ou encore : « Untel (ou Unetelle) a une très bonne opinion de soi » (*E.*, p. 199). Elles paralysent tout dialogue parce qu'elles constituent un simple système de défense. Le « Véra est bête », confié à l'étourdie par la mère à sa fille, se superpose à ce « bonnet d'âne invisible » dont la voici coiffée comme dans les livres pour enfants (*E.*, p. 189). Cette image, née d'un mot dont le secret n'appartient qu'à l'« oncle » et à la mère, Natacha s'en est emparée et voici qu'elle finit par l'avouer à Véra elle-même, comme dans une sorte de conte enfantin.

Or soudain Natacha rectifie de son propre chef : « Mais je suis ici depuis près de deux ans, je ne suis plus cet enfant fou... Les mots " Véra est bête " ne me reviennent plus... D'ailleurs aucun mot ne vient s'appliquer sur elle... » (*E.*, p. 190-191). La personne n'est pas une substance qu'un qualificatif puisse subsumer. Cependant, tout à la fin du chapitre, on nous fait saisir la crainte ressentie par Natacha de contester les mots les plus évidemment absurdes de Véra, de peur de susciter une véritable éruption volcanique : « à l'intérieur de Véra, ce que ces mots pourraient provoquer... cette déflagration silencieuse, ce bouillonnement furieux, ces âcres fumées, ces coulées incandescentes... » (*E.*, p. 192). Diantre ! voilà de quoi ranimer en nous, sinon en Natacha, des images de dangereuse marâtre !

UN ULTIME EFFORT
DE RECTIFICATION ?

La rectification semble venir des surprises de la vie : Véra un jour pleure avec un immense désarroi de petite fille, seule dans sa chambre, et Natacha tente de la consoler, « caresse sa tête soyeuse et douce, toute tiède... » (*E.*, p. 203). Un nouveau lien semble ici se créer — sororal ou maternel ? Et la narratrice de commenter : « Et pour la première fois, j'ai vu quelqu'un d'aussi familier, bien visible, connu que l'était pour moi Véra, devenir sous mes yeux quelqu'un de tout autre... » (*ibid.*). Ce nouveau personnage tendre, dévoué se superpose au premier, inquiétant et familier, et il naît à partir de fragments d'histoires recueillies sur la vie de l'autre : « des images, des bribes de récits qui étaient passés comme à distance d'elle, très loin, comme quelque part au large, revenaient, se plaquaient sur elle, la recouvraient... » (*E.*, p. 203-204). Voici Véra, jeune fille très courtisée, infirmière héroïque pendant la guerre russo-japonaise, affectueuse en famille. Une expérience paradigmatique s'opère ainsi devant nous : la « marâtre » se métamorphose en une personne vulnérable et blessée, et même en héroïne ; les deux images sont vraies.

L'IMPOSSIBLE IDENTIFICATION

Qu'est donc l'identité de l'être ? Pourquoi Véra ne soigne-t-elle pas l'enfant, gravement malade à la suite d'une vaccination alors qu'elle a été infirmière ? Le récit nous fait passer par des alternances de jugement sévère et d'une certaine pitié pour elle. Natacha supportera mal les commentaires méprisants de sa propre mère sur « cette... Véra » (*E.*, p. 254-255). Elle en décrypte l'énonciation : « Cette... Véra n'est pas tout à fait normale... il paraît que c'est une hystérique... » (*E.*, p. 255). Qui croire ? Natacha a perçu le danger de ces étiquettes pour sa propre relation avec Véra. L'ultime verdict ne viendra ni de la narratrice, qui se l'interdit évidemment, ni même du double, mais d'un personnage épisodique qui a l'avantage d'être plus objectif : Miss Philips, la nurse anglaise, rencontrée quelque vingt ans après et qui rêve encore de cette belle-mère dans ses cauchemars (« nightmares », dit-elle page 264). Véra est-elle ou non une « marâtre » ? Oui, sans doute, mais le personnage se fait et se défait tour à tour sous nos yeux. Le récit nous oblige à reconstruire à notre gré la personnalité de Véra, nous contraignant à dépasser les stéréotypes, les images, pour nous interroger avec les voix narratives, conformément à l'esthétique et à la vision du monde inscrites dans *L'ère du soupçon*[1]. Il reste un clair-obscur savamment ménagé par les sinuosités de ce récit à la fois autobiographique et critique.

1. Voir Dossier, p. 200.

III UNE AUTOBIOGRAPHIE CRITIQUE

LE RÉCIT D'ENFANCE ET LES «SCÈNES OBLIGÉES»

Cette investigation phénoménologique à la mode sarrautienne comporte une dimension autobiographique que N. Sarraute n'a pu éluder, en dépit de l'absence d'aveu ou de projet éthique. Les personnages que met en scène le récit appartiennent à la vie de l'auteur du texte, dont les choix organisent la distribution des séquences et de la parole. Ils ne peuvent manquer d'avoir un statut particulier dès lors qu'ils sont le père ou la mère de Natacha ou Tachok, diminutifs du prénom de la romancière elle-même. Aussi n'a-t-elle pu échapper aux « scènes » ou passages obligés que comporte tout récit d'enfance (selon B. Vercier[1]), ni à la quête d'identité que ceux-ci supposent, ni enfin au récit de vocation.

1. B. Vercier, « Le mythe du premier souvenir », *RHLF*, 1975, p. 1033.

« Du rapprochement et de la superposition de toutes les autobiographies se dégage une sorte de récit idéal dont chaque œuvre fournit une réalisation particulière. Cette série, plus ou moins complète selon les cas, serait à peu près la suivante : " Je suis né, Mon père et ma mère, La Maison, Le reste de la famille, Le premier souvenir, Le langage, Le monde extérieur, Les animaux, La mort, Les livres, La vocation, L'école, Le sexe, La fin de l'enfance. " »

Ainsi le texte comporte l'évocation de la maison natale, ici inséparable du premier souvenir, celle des nombreuses figures de bonnes ou domestiques qui ont accompagné cette enfance, les jeux et compagnons de jeux, la maison de vacances, les diverses écoles et même l'éveil du sentiment religieux. Mais l'on y trouve surtout de manière centrale, et c'est inévitable, les figures du père et de la mère, l'une et l'autre plus ou moins insérées parmi des figures familiales. En refaisant ce parcours, sans doute pourra-t-on mesurer l'originalité de cette « nouvelle autobiographie ».

LA MAISON NATALE ET LE PREMIER SOUVENIR

On peut d'abord se demander où se situe *le premier souvenir*. Est-ce l'image de la maison d'Ivanovo ou le souvenir fugitif et confus des veillées, rue Flatters, où l'enfant écoutait « sans comprendre » ? Le récit épouse le mouvement des sensations d'alors : « et je sentais confusément qu'on me soulevait, m'emportait... » (*E.*, p. 19). Il met l'accent sur la difficulté de transposer ; d'où la rectification : « leurs voix devenaient étranges, *comme de plus en plus lointaines* » (*ibid.*). Peut-être Natacha a-t-elle alors à peine un peu plus de deux ans, juste après la séparation de ses parents ? Mais un tel souvenir est trop peu singularisé, trop itératif pour pouvoir être tenu pour le premier souvenir qui, lui, s'apparente davantage à un micro-récit. En revanche la manière dont la narratrice met en scène la merveilleuse maison d'Ivanovo, faite pour le bonheur, digne d'un conte de fées, donne à penser que là se situe *le vrai premier souvenir.* C'est une *image,* décrite comme telle, paradigmatique, surgie dans une lumière de rêve. « Comme dans une éclaircie émerge d'une brume d'argent toujours cette même rue couverte d'une épaisse couche de neige très blanche, sans trace de pas ni de roues » (*E.*, p. 41). L'inversion du sujet crée un ralenti très onirique. L'idéalisation est produite par cette lumière voilée de brume, conjuguée avec les miroitements des reflets brillants de l'argent et de la neige immaculée, véritablement originelle. La substance phonique, avec les allitérations, les homophonies (*émerg*e, *même*, *neig*e) et les assonances (*toujour*s, *couch*e, *rou*es), se charge d'une densité de paragrammes qui signale un fragment poétique et un moment d'intense émotion dans le récit. Le double tente de faire vaciller cette image en s'interrogeant sur son caractère intangible, mais la voix narrative s'attarde, parcourant l'image avec la même surprise réitérée, mêlée de plaisir (*E.*, p. 42).

UN REFUGE OUATÉ

Rien ne semble pouvoir contenir le désir évident de la première instance narrative de décrire à plusieurs reprises et se réapproprier par là même cette image de la maison natale, tout en la faisant découvrir à son lecteur qu'elle introduit jusque dans le salon au « parquet luisant » *(ibid.)* pour revenir à cette lumière douce et ouatée qui semble décidément caractériser cette maison « de conte de Noël » *(ibid.)*, précise-t-elle. La description n'est pas sans évoquer, en effet, le scintillement des cartes de vœux : « dans les fenêtres, entre les doubles vitres, est étalée une couche de *ouate* blanche saupoudrée de paillettes d'argent » *(ibid.)*. Voilà peut-être la source de l'association de la ouate blanche à l'enfance.

Le narrateur de *Portrait d'un inconnu* associe, lui aussi, la ouate et l'enfance : « peu à peu je m'étais habitué à me mouvoir sans inquiétude, comme tous ceux qui m'entouraient, dans leur univers calme et clair, aux contours nettement tracés, aussi différent de celui, gluant et sombre, où ils me tourmentaient, elle et lui, que l'est le monde des adultes du monde ouaté et flou de l'enfance » *(P. I.,* p. 76).

Le premier souvenir n'est donc pas d'abord un événement mais un lieu de rêve originel, une maison tout en bois dentelé, vrai refuge comme dans les contes. Nous reconnaissons la miniaturisation liée à l'intime et à l'enfance ; nous retrouvons partout (glace, cour, rideaux) la blancheur étincelante de ce qui est virginal, originaire. Tout converge pour faire de cette maison un lumineux asile mythique. L'intérieur aux parquets luisants où de grands baquets contiennent des plantes vertes se mue en jardin d'hiver, en un éden où fusionnent l'intérieur et l'extérieur. Tout y connote la profondeur moelleuse d'un monde douillet : les tapis, les divans, les fauteuils. En revanche, ici, point de soie à ramages comme dans l'hôtel suisse, mais, de manière plus rustique, des cotonnades à *fleurs* qui riment avec les tapis de cou*leur*. On ne saurait être surpris du commentaire légèrement humoristique de la narratrice : « Aucune maison au monde ne m'a jamais paru plus belle que cette maison » (*E.*, p. 42). Maison mythique des origines ? Oui, sans doute, puisque la maison d'Ivanovo, si belle qu'elle ait été, était, de l'aveu même de N. Sarraute qui l'a appris depuis, non pas en bois mais en pierre[1]. Il s'agit donc d'une construction et peut-être d'une reconstitution imaginaire à partir de contes russes ou encore des vues de Saint-Pétersbourg dont se souvient la narratrice.

1. Entretien de mars 1994.

UNE MYTHOLOGIE RUSSE ?

Quoi qu'il en soit, les descriptions de cette ville où Natacha vécut avec sa mère ne sont pas sans ressemblance avec ces images d'Ivanovo : « On dirait que ce qui s'étend ici derrière les doubles vitres, c'est de vastes espaces glacés... » (*E.*, p. 69). À moins que ne se superpose à l'image réelle de la maison d'Ivanovo celle de *La maison de glace*, ce palais enchanté mais aussi inquiétant dont l'image est puisée dans un livre qui enchanta la petite fille[2]. La description qu'elle en donne ressemble à celle de la maison natale. Elle aussi semble — métonymie de la petite fille ? — « blottie », tel un refuge, « au creux » des « scintillements » de l'hiver russe (*E.*,

2. I. Lajetchnikov, *La maison de glace* : il s'agit d'un roman historique allemand, traduit en russe, qui évoque la dure époque de l'impératrice Anna Ivanovna (1730-1740). On en avait tiré une version pour enfants. Voir Dossier, p. 223.

p. 77). Là s'arrête l'analogie : la couleur du saphir et de l'opale se substitue à la blancheur immaculée de la neige. La symbolique des pierres précieuses, la référence à la couche de glace, et non à la ouate, nous mettent en présence d'un monde de la stérilité froide, peut-être plus lié à la mère avec laquelle Natacha vécut à Pétersbourg, et loin de la chaleureuse douceur d'Ivanovo. Une troisième image de maison vient se poser à côté de celle-ci pour donner l'impression d'une variation quasi mélodique et féerique sur la maison russe : il s'agit des évocations de Pétersbourg par la merveilleuse « babouchka », mère de Véra (*E.*, p. 230). On voit ainsi se constituer une mythologie personnelle où se mêlent indistinctement souvenirs réels, lectures et rêveries.

LE SORTILÈGE

Néanmoins, N. Sarraute infléchit les stéréotypes du récit d'enfance. Le conte, car c'en est un, vibre de résonances maléfiques inattendues. L'idéalisation est pour le moins ambiguë car un sortilège semble s'être abattu sur cette maison désertée. « Mon père seul reste présent partout. Il me semble maintenant que les objets autour de nous sont maniés par des êtres invisibles » (*E.*, p. 45). Le « maintenant » doit-il être rapporté à l'image livrée par le souvenir ou au présent de l'écriture ? La phraséologie de l'indécision (« il me semble ») fait voltiger autour du récit l'incertitude de l'étrange et même de l'inquiétante étrangeté. Quelque ingrédient bizarre, angoissant, se glisserait-il dans cette fantasmagorie de l'enfance, comme le calomel dans la confiture ? La voix narrative suggère, sans appuyer, cette analogie par l'usage du neutre qui transforme en apologue l'épisode de la cuiller de confiture (*E.*, p. 46). Ainsi procède N. Sarraute : elle évite, volontairement, le registre psychanalytique, peu productif à ses yeux, lui substituant la métaphore poétique qui effleure, suggère, laissant au lecteur le soin d'interpréter à son gré ou de flotter avec elle dans ce monde où « l'indécis au précis se joint ».

VARIATIONS SUR LES SCÈNES OBLIGÉES

L'ÉVEIL DU SENTIMENT RELIGIEUX

Pour l'évoquer, l'instance narrative première observe une distance froide que traduit du reste l'usage de l'imparfait itératif, maintenant dans tout ce chapitre d'*Enfance* l'impression qu'on est à l'arrière-plan de l'enjeu profond du récit. La petite fille est entraînée dans un cérémonial plus qu'elle n'est pénétrée d'un réel sentiment religieux car Adèle, la bonne qui l'emmène à l'église, est trop terre à terre pour transmettre une spiritualité. La narratrice semble soucieuse de présenter un rapport au sacré plus qu'à la foi, et rejette la prière, qu'elle avoue avoir faite (*E.*, p. 179), dans l'ordre de la magie propitiatoire (*E.*, p. 235). En revanche, elle met en lumière un nouveau partage entre deux côtés : l'église française et catholique, à Montrouge, et Saint-Serge, l'église orthodoxe, dont elle convoque à l'arrière-plan les images féeriques : « la chaleur, la lumière d'innombrables cierges, les icônes dans leur châsse comme une dentelle d'argent ou d'or éclairées par les flammes des petites veilleuses de couleur, les chants... » (*E.*, p. 235). Tout ici évoque la « russité heureuse ». Du terme ambigu de « ferveur » qui peut suggérer une émotion véritablement religieuse, on glisse à celui d'« exaltation », plus équivoque, et du reste désigné comme approximatif. La narratrice laisse deviner son hypothèse, celle d'un *mythe des origine*s. Le discours interprétatif s'accroît dans la suite de ce chapitre à tonalité différente, comme si la narratrice s'éloignait de l'enfance, par une sorte de métalepse. Le récit s'ouvre à une suite de proclamations paternelles qu'à l'évidence elle reprend à son compte : ainsi la qualité revendiquée de « libre-penseur », qui lui fait récuser toute notion d'appartenance ethnique et valoriser toutes les croyances religieuses sans rien renier de sa condition de juif. En citant ses propos indignés contre ceux qui ont honte de leur judéité et plus encore contre les « horreurs », « ignominies », « mensonges » et « bassesses » qu'il a « fallu pour arriver à ce résultat, que des gens ont honte devant eux-mêmes de leurs ancêtres » (*E.*, p. 236), la voix de la narratrice se mêle à celle du père dont les propos sont condensés plus que cités. Le chapitre s'achève sur une prolepse et l'expression elliptique d'un accord dans ce dialogue en demi-teinte qui émerge soudain. «Tu ne trouves pas, me disait-il parfois, beaucoup plus tard, que tout de même, quand on y pense... — Oui, je le trouvais... » (*E.*, p. 237). Cette chute brusque, non dénuée d'humour, relève d'une mise au point plus idéologique et militante de la narratrice, au moment de l'écriture. Nous ne sommes mis en présence d'un vrai rapport au sacré et à l'instant mystique qu'avec l'évocation de l'extase au Luxembourg, mais alors la narratrice écarte fermement toute interprétation religieuse et s'en tient à la résurrection poétique d'une extase matérielle, ou naturelle (cf. *infra*, p. 171).

VIVE L'ÉCOLE DE LA RÉPUBLIQUE

La même impression d'un récit plus interprétatif et plus critique est suscitée, non par tout ce qui concerne les apprentissages scolaires, mais par l'évaluation même de l'école. Le récit sarrautien ne se contente pas de nous faire vivre en direct les exaltations et les découvertes intellectuelles de la petite fille. Il s'émancipe du passé pour faire observer, au moment de l'écriture, les mérites d'une école où l'on intégrait les enfants sans acception de race ou de religion (*E.*, p. 236).

L'éloge de l'école passe par celui de deux institutrices *modèles*. Madame Bernard, discrète et efficace, assure une espèce de suppléance maternelle, sans reproche ni ostentation. Une scène exemplaire met au jour la vigilance de la maîtresse d'école, dont le « ton gêné, scandalisé » à la vue des poux devient sans transition « grave, compatissant » (*E.*, p. 239). Ses paroles prudentes, rassurantes émergent du passé. Rien de distant ni d'humiliant dans le ton, en contrepoint des mots. Le récit au présent est focalisé sur la petite fille d'autrefois qui va faire ses devoirs chez sa maîtresse d'école, auprès de ses enfants (*E.*, p. 226)[1]. Tout en douceur et en rondeur, Madame Bernard a le corps et le comportement d'une mère (*E.*, p. 241). Elle a partie liée avec la nourriture ; en outre, le rose et la couche argentée qui auréolent son visage paraissent faire partie de la lumière de l'enfance heureuse (on retrouve le rose au Luxembourg et la couche argentée à Ivanovo). Mais elle n'usurpe pas la fonction maternelle. La narratrice loue la « bonne distance » à laquelle elle se tient.

1. Les enfants de Madame Bernard ont du reste repris contact avec Nathalie Sarraute à la faveur de la publication d'*Enfance* (entretien de mars 1993). On voit qu'une autobiographie contemporaine peut donc fonctionner un peu comme une lettre à ceux que la narratrice a connus.

L'ÉCOLE ET LE CIVISME

La mise en récit de l'autre institutrice, Mademoiselle de T., révèle la fonction civique et même patriotique de l'école, tout en laissant entrevoir un intéressant dysfonctionnement de la mémoire. L'Histoire fait ici une entrée modeste et indirecte : l'exaltation — sans chauvinisme — de l'identité nationale, avec le glorieux modèle de Napoléon et l'accent d'époque mis sur l'Alsace et la Lorraine, nous reporte inévitablement au climat des années qui précédèrent la guerre de 14 (*E.*,

p. 243). Mais la narratrice ne se livre à aucun commentaire idéologique. On en reste à sa perception d'autrefois, à la constitution d'un modèle héroïque et civique pour la petite fille qu'elle était, avec un glissement significatif du souvenir : N. Sarraute[1] reconnaît qu'elle a nommé l'institutrice Mademoiselle de T. alors que celle-ci s'appelait en réalité Mademoiselle Demonsant — sans particule —, et qu'elle avait transformé — Dieu sait pourquoi — le prénom de sa fille Solange en Clothilde (prénom que l'on retrouve dans celui de l'église du faubourg Saint-Germain). On peut se demander si ce double glissement vers l'aristocratie, favorisé par le « de » initial, ne tient pas à l'idéologie implicitement prêtée à cette demoiselle qui nourrissait les rêves patriotiques de Natacha.

1. Entretien de mars 1993.

UNE ÉCOLE... TUTRICE

D'autres écoles sont évoquées dans le texte (l'école Brébant, celle des Feuillantines et même l'école russee), mais l'école primaire française concentre toutes les louanges. Elle procure à l'enfant une sécurité délicieuse, rassurante, par un climat où l'accent est mis sur la dimension intellectuelle, non sur la seule affectivité. Lieu d'une « autre vie », toute « neuve », note la première instance narrative, elle sécurise parce qu'elle obéit à des règles, des lois justes. La note mise par la maîtresse ne relève ni de l'arbitraire ni de la subjectivité ; telle est du moins la conviction de Natacha : « Rien ne peut égaler la justesse de ce signe qu'elle va inscrire sous mon nom. Il est la justice même, il est l'équité » (*E.*, p. 168). C'est par ces impressions que la petite fille se sentait protégée contre les «remuements obscurs », ces tropismes et ces malaises qui la menaçaient à la maison :« Pas trace ici de tout cela. Ici je suis en sécurité » (*ibid.*). Focalisé sur l'enfant qu'elle était, le passage n'en dit pas moins ce que l'école peut apporter de mieux à l'enfant : l'épanouissement de ce qui est en lui, une discipline qui le favorise (« Des lois que tous doivent respecter me protègent »). L'école forme une élève-citoyenne de la patrie des hommes libres. Elle est conçue pour accroître le sentiment de responsabilité, une véritable « autonomie » qui permette « de posséder, d'accomplir ce que moi-même je désire, ce qui me fait, à moi d'abord, un tel plaisir » (*ibid.*), précise Natacha. Idéalisation ? Certes, mais elle inspire à l'enfant le désir de rester chez son père pour bénéficier de ce que lui apporte cette école qui joue le rôle de « tuteur » :« cela me redresse, me soutient, me durcit, me fait prendre forme... » (*E.*, p. 173). Nous retrouvons l'accumulation de présents et de valeurs de premier plan qui désigne les temps forts. L'école place Natacha à la cime d'elle-même et développe une soif illimitée d'apprendre. Même si on fait la part de l'excès et de la naïveté liés à l'enfance, l'éloge reste de taille. Voilà une école protectrice, rassurante mais exigeante, force d'intégration, d'épanouissement, porteuse de valeurs civiques et morales. Au demeurant, le texte de N. Sarraute garde ici valeur de témoignage exemplaire. Quel enfant devenu aujourd'hui adulte rendrait le même témoignage avec preuves à l'appui ?

JEUX D'ENFANT

La narratrice, en évoquant les jeux qui ont marqué chaque étape de son enfance, révèle à quel point celle-ci, malgré tout, rejoint l'ordre social habituel. L'énorme poupée parlante que lui a offerte son père est en fait disqualifiée par rapport à l'ours Michka, parce qu'elle demeure rigide ; elle résiste au goût de l'enfant petit pour des jouets plus flexibles, moins réalistes (*E.*, p. 49). L'enfant semble inventorier, en la décrivant, tous les détails destinés à conforter un plaisir attendu, qui se dérobe. Les vieilles poupées de son, toutes « flasques », se prêtaient davantage au jeu puisqu'on pouvait les ployer à son désir.

L'OURS, OBJET TRANSITIONNEL[1]

Un statut privilégié est attaché à l'ours Michka, compagnon de tous les instants, objet relais entre la mère et l'enfant, puisque cet ours est « soyeux, tiède, doux, mou, tout imprégné de familiarité tendre » (*E.*, p. 49). Cet ours au « pelage doré » (*E.*, p. 104), comme est dorée la peau de la mère, elle aussi « soyeuse » et « douce » (*E.*, p. 251), est qualifié à plusieurs reprises de « tout mou et doux » (*E.*, p. 104), ce qui révèle une relation de substitution. Doté d'un prénom russe, il est insé-

1. D. W. Winnicott, *De la pédiatrie à la psychanalyse*, trad. Jeanne Kalmonov, Payot, 1989, chap. « Objets transitionnels et phénomènes transitionnels », p. 169-186 : « une chose particulière prend pour l'enfant une importance vitale : un objet moelleux, indispensable à l'heure du coucher. C'est la première expérience du "non-moi" que j'appelle l'"objet transitionnel" » (p. 173-174).

parable de Natacha qui vivra sa perte comme irréparable (*E.*, p. 186) et reportera sur Lili, la coupable demi-sœur, une rancœur tenace que le récit exhibe à travers un cortège d'épithètes pittoresques : « ce petit être criard, hagard, insensible, malfaisant, ce diable, ce démon... » (*ibid.*). Symbole de l'enfance russe et de la mère, il constitue une compensation, une consolation intime et quotidienne.

LA COLLECTION DE FLACONS

Cette collection s'insère dans la lignée de jeux avec ces objets qu'on a nommés les « curiosa[1] ». Ce jeu très féminin de nettoyage et de « remise à neuf » des flacons de parfum donnés par tante Aniouta, figure évidemment maternelle, confère à ceux-ci un statut d'objets transitionnels grâce auxquels l'enfant joue avec l'image de la mère pour la mettre à distance[2]. En outre, le récit montre Natacha en train d'en restaurer un, afin de lui restituer « toute son éclatante pureté » (*E.*, p. 37). L'enjeu ne serait-il pas de « recréer » l'objet puisque la petite fille le contemple ensuite, unique et « splendide », et s'efforce de le tenir à l'abri de tous regards, comme pour éviter de le souiller ? Serait-il une métonymie de la beauté que l'enfant s'approprie, comme le vieux gentleman de *Vous les entendez* s'appropriait la statue précolombienne, et peut-être comme le fait N. Sarraute dans sa recherche poétique ? Nous apprendrons plus tard que la mère elle-même lui a remis un beau flacon

1. Richard N. Coë, *op. cit.* R. N. Coë distingue à cet égard les « trivia » et les « curiosa » (p. 209-210 et 218).

2. D. W. Winnicott, *Jeu et réalité. L'espace potentiel*, trad. C. Monod et J.-B. Pontalis, Gallimard, NRF, 1971.

1. N. Sarraute a
elle-même (entre-
tien de mars 1994)
écarté tout rappro-
chement entre ces
flacons et celui
donné par sa mère
pour ses sept ans,
qu'elle conserve
comme objet pré-
cieux (une anti-
quité du XVIIIe siècle).

« avec une petite chaîne dorée » (*E.*, p. 253) pour ses sept ans. Curieusement le récit ne fait aucun lien entre les deux épisodes[1], comme si le flacon de la mère eût détonné dans la collection, ou comme si Natacha avait déjà désinvesti celle-ci. La narration ne nous éclaire pas, laisse planer une énigme.

LES JEUX PLUS SOCIALISÉS

D'autres jeux requerraient davantage d'éclaircissements, tel celui chez tante Aniouta, où Natacha est déguisée en prê-tresse, à moins que ce ne soit en mariée (*E.*, p. 33). Curieux déguisement pour ce qui semble à la fois une noce, un enterrement et une cérémonie initiaque dont l'enjeu sera de voir naître un jour une « pousse vivante ». Dans la mesure où la narratrice nous main-tient par la focalisation dans l'imaginaire enfantin, elle laisse flotter le sens symbolique véhiculé par ce jeu. Du reste, tout le chapitre s'inscrit dans cette fantasmagorie enfantine, puisque nous découvrons à travers les mots des enfants l'étrangeté féerique de « la haute tour blanche » d'où l'on voit se pencher « une silhouette qui [...] émet des sons étranges » (*E.*, p. 35). Les enfants ne savent pas identi-fier le minaret d'où l'imam appelle à la prière, et interprètent cette vision en termes de conte. Le même régime de focalisation nous fait vivre avec Natacha le jeu des familles auquel elle se livre avec la bonne, Gacha. Le rythme de la phrase épouse celui, haletant, du jeu qui mène l'enfant de « déboires en victoires » (*E.*,

p. 71) ; passage exceptionnel où Natacha semble parfaitement heureuse dans ce monde de Pétersbourg, ici chaleureux et vivant.

LE MANÈGE COMME ÉPREUVE

Nous voyons en revanche Natacha sur le manège au Luxembourg s'efforcer, presque toujours en vain, d'attraper les anneaux qu'il faut décrocher pour les enfiler sur une tige. Un autoportrait de la romancière enfant se dessine en creux, à travers cet instantané qui laisse deviner l'écrivain en quête de son art sous la présence angoissée de la petite fille. Les conseils prodigués par les adultes alors ont dû peser lourd sur le perfectionnisme de l'auteur : « Tu vois, tu te crispes trop, il ne faut pas, tu as vu comme font les autres enfants... ils le font en s'amusant... » (*E.*, p. 61). La sous-conversation nous révèle déjà ici la peur récurrente de la petite fille, celle de n'être pas comme les autres, et son désir d'être acceptée, nous laissant pressentir la ténacité de la romancière d'abord incomprise.

UNE COMÉDIENNE NÉE

Inversement, par la suite, les jeux avec les autres enfants, avec Micha, par exemple, révèlent une enfant espiègle, brillante, qui certes joue, comme les autres, à la plongeuse, à la serveuse, à la corde et au ballon (*E.*, p. 178). Mais le récit la dépeint plus précisément dans le jeu où elle excelle : l'imitation

des autres ; celle de Pierre Péréverzev, déjà
«vieux et triste » (*E.*, p. 139), sorte de singe
savant. Le talent de la future dramaturge
s'exerçait-il là ? Nous abordons alors le récit
de vocation indirect, mais aussi un registre
rare du récit d'enfance, celui du comique
plein de verve et d'humour. Le récit se mue en
scène de comédie lorsque cette imitation
s'exerce aux dépens de compagnes de classe
imaginées par Natacha pour apprendre ses
leçons en jouant. La voici donc maîtresse
d'école en train de questionner ces personnages de cancres dûment baptisés. L'enfant
s'amuse à inventer «toutes sortes de choses
stupides et drôles » (*E.*, p. 220) dont elle
donne quelques échantillons, jouant tous les
rôles, ceux du maître condescendant et de
l'élève sotte (*E.*, p. 221). Le monde auquel
nous sommes initiés n'est donc pas seulement
celui de la fragilité ou de la vulnérabilité. Cet
enfant que l'on veut soumis, candide, démuni
peut trouver en lui-même un système de
défense, comme un organisme sécrète des
anticorps. C'est peut-être ce qui, en définitive, se dégage de ce récit qui aurait pu être la
plainte élégiaque d'une enfant malheureuse,
alors qu'il nous fait assister à la naissance
d'une personnalité forte, lucide et drôle.

LE CÔTÉ DU PÈRE
ET LE CÔTÉ DE LA MÈRE

Tout le texte pourrait être relu à la lumière
de cette bipolarité fondamentale, inscrite en

particulier dans la perception de l'espace et la présentation de certains personnages. Du côté de la mère, on trouve presque constamment une certaine qualité de lumière et des couleurs gaies. Même dans l'appartement sombre de la rue Flatters, l'atmosphère qui règne est celle de l'« insouciance » d'une mère « s'animant, étincelant » (*E.*, p. 19). Va-t-elle au Luxembourg avec celle-ci, elle peut se laisser « imprégner » par cette « lumière dorée » (*E.*, p. 20). Tout ici est symphonie de couleurs, avec le « crépitement de fleurs de celluloïd rouges, roses, mauves, tournant au vent... » (*E.*, p. 21). Le jardin lui apparaît alors « lumineux, éclatant et vibrant », par opposition au monde gris et sombre de l'école maternelle des Feuillantines.

CHEZ L'ONCLE GRICHA

Du côté de la mère encore, la vaste maison familiale de l'oncle Gricha, avec « des glaces partout, des parquets luisants, et tout le long des murs des chaises couvertes de housses blanches... » (*E.*, p. 32). Tout semble aspiré dans l'ambiance maternelle : « la vieille " niania " douce et molle », les « succulentes tartines de pain blanc enduites d'une couche de sucre mouillé », Natacha quasiment déguisée en mariée. Tante Aniouta elle-même apparaît comme une figure maternelle idéalisée, auréolée par ses cheveux « aux boucles argentées, « son teint rose », ses « yeux bleus [...] avec une nuance vraiment violette » et « cet écart entre ses deux dents de devant très blanches » (*E.*,

p. 34)... « Une vraie beauté » (*E.*, p. 34-35), sacrée comme telle par la mère elle-même dont elle prend plusieurs fois le rôle en apprenant à Natacha à lire l'heure, puis en découvrant l'usure de ses chaussures. La chambre de tante Aniouta lui ressemble — « très claire, bleue et blanche » (*E.*, p. 36). Natacha y découvre les flacons transparents. Nous retrouvons à Pétersbourg la brume d'argent et la neige, inséparables de la maison natale, les « grandes maisons de couleur claire », la grande pièce claire aussi où « maman et Kolia m'embrassent » et partout la « glace transparente et bleutée » (*E.*, p. 69). Gacha elle-même est dotée d'un visage clair où « tout est pâle » (*E.*, p. 69), mais plein de douceur. C'est dans ce contexte qu'apparaît la féerique « maison de glace » (*ibid.*[1]), surgie d'un livre de lectures et des propos de Gacha, mais ambivalente puisque la lumière et le blanc voisinent avec des images de froid et de mort. Tout suggère ici une maison maternelle froide et brûlante qui n'est pas sans suggérer indirectement l'image d'une mère phallique.

1. Sur ce point, voir note p. 103 et Voir Dossier, p. 223.

LA NOSTALGIE DE L'ESPACE RUSSE

La lumière neigeuse qui baigne magiquement les vastes espaces russes, accompagne la douleur lors du voyage vers la France « à travers les plaines toutes blanches [...], les isbas de bois, les troncs blancs des bouleaux, les sapins sous la neige... » (*E.*, p. 107). Dès lors, tout semble changer de signe pour l'enfant, déjà séparée entre deux pays et deux cultures, comme elle l'est entre deux langues, ce que révèle le jeu sur les signifiants du mot « soleil » en français et en russe (*E.*, p. 107) ; nous retrouverons la neige scintillante dans la gare éclairée de la frontière, l'édredon rouge de l'hôtel où elle s'arrête avec sa mère comme était rouge le tapis de l'escalier à Pétersbourg. L'arrivée à Paris constitue une chute dans la grisaille morne. La narratrice rappelle sa déconvenue nostalgique : « Il n'y a plus dehors de lumière argentée, ni quelque part plus loin de vastes espaces de glace, de neige scintillante... mais une lumière un peu sale, enfermée entre des rangées de petites maisons aux façades mornes... » (*E.*, p. 113). Du reste, dès l'arrivée, la première image est celle du « quai gris sombre », puis de « la grisaille jaunâtre, [de] l'immense voûte vitrée » de la gare du Nord (*E.*, p. 111). Et au cas où l'on serait tenté de n'y voir que l'opposition référentielle entre la ville française et la ville russe, la narratrice souligne elle-même l'étrangeté de ses perceptions d'alors — du moins dans son souvenir — puisque rue Flatters, elle se sentait « enveloppée doucement dans [la] grisaille jaunâtre » de ces maisons qui semblaient « vivantes » (*E.*, p. 113). Toutes ces rues semblaient conduire au « lumineux » jardin du Luxembourg. La narration opposera plus loin la « discrète, presque tendre bienveillance » (*E.*, p. 123) de la rue Flatters ou de la rue Berthollet, c'est-à-dire le côté de la mère, aux petites rues à l'« aspect étriqué, mesquin » (*ibid.*) des maisons dans les rues du Loing, du Lunain, Marguerin, où Natacha vit avec son père. La narratrice livre ses impressions d'alors qui ont tant marqué la représentation des espaces urbains que donnera la romancière : « Il me semble qu'à l'abri des façades sans vie, derrière les fenêtres noires, au fond des petites cages sombres des gens à peine vivants se déplacent prudemment, bougent à peine... » (*ibid.*).

« Les squares blafards entourés d'une bordure de buis, les petites places pétrifiées, et les façades inertes des maisons avec leur air impersonnel, absent, cet air qu'elles ont de ne pas vouloir attirer l'attention, établir un contact, offrir la moindre prise, comme si elles craignaient qu'un regard trop appuyé ne fît sourdre au-dehors quelque chose qui se tient tapi derrière leurs murs ; quelque chose qu'elles sécrètent malgré elles et contiennent » (*P.I.*, p. 95-96).

Toutes les expériences d'abandon, de trahison dont la mère s'est rendue coupable n'oblitéreront jamais l'impression de lumière dorée ni de vitalité inséparable d'elle. Le corps de la mère semble peu distinct de l'espace et du mode d'être russe, matérialisés, lors des retrouvailles de 1914, par le souvenir de corps nus et de la vapeur chaude du sauna, où elle était jadis avec sa mère. Même si l'ambivalence réapparaît, Natacha se revoit, juste avant le départ de sa mère, « dans la lumière du soleil couchant » (*E.*, p. 258-259), en train de regarder « son joli profil doré et rose » (*E.*, p. 259). Le dernier cadrage de la mère, correspondant à son dernier séjour de juillet 1914, est campagnard, bucolique, « dans une jolie maison où, précise-t-elle nous occupions deux chambres et une cuisine donnant sur un grand verger » (*E.*, p. 259) ; elle la revoit « admirant sans cesse autour de nous les pins, la mer, les prairies, les arbres, les fleurs... »*(ibid.)*.

CHEZ LE PÈRE, EN RUSSIE

Dans la première partie, l'espace paternel demeure gai : la maison d'Ivanovo, bien sûr, et quelques images d'un Noël scintillant à Moscou, la «vaste place enneigée» (*E.*, p. 51), le père chargé de paquets blancs entourés de rubans et sur le visage duquel «brille la ligne nette, régulière, très blanche de ses dents »*(ibid.)*. Même la fabrique russe du père séduit par la multiplicité des couleurs résultant des produits chimiques (*E.*, p. 50). Le père lui-même est ici auréolé de lumière. Est-ce dû au monde russe, ou à ce moment de la petite enfance de Natacha ? Quoi qu'il en soit, les autres images du père ne seront plus guère séparables d'une mélancolique grisaille.

LE CÔTÉ DU PÈRE EN FRANCE

Revisite-t-on avec lui le jardin du Luxembourg, « tout est gris, l'air, le ciel, les allées, les vastes espaces pelés, les branches dénudées des arbres » (*E.*, p. 57). Il faut attendre la fin du chapitre pour que soit introduite la note heureuse du ballon flottant, « tout bleu et brillant » (*E.*, p. 59), comme si Tachok avait elle-même conquis par son espièglerie un talisman capable de conjurer la tristesse paternelle. Certes, la première image de la rue Boissonade sera encore très gaie ; c'est celle d'une grande pièce claire, à l'instar de Véra insolite, costumée et dansante. L'espace sera plus riant, plus lumineux encore lors de l'extase au Luxembourg où l'on est pourtant du côté du père, avec « la pelouse d'un vert étincelant, jonchée de pâquerettes, de pétales bleus et roses » (*E.*, p. 66), mais ce fragment exceptionnel relève d'un instant de grâce (cf. *infra*, p. 171). Après le retour à Paris, l'espace est presque constamment gris. La petite fille rêve sur la toponymie et elle entend le gris de la souris dans le nom du parc près duquel elle habite (mont*souris*), dont le seul nom lui « semblait laid », avoue-t-elle (*E.*, p. 113) : « la tristesse imbibait ses vastes pelouses, encerclées de petits arceaux », précise-t-elle encore *(ibid.).* Le récit évoque par deux fois ces allées bordées d'arceaux qui sans doute donnent à l'enfant une impression d'encerclement et lui inspirent, à coup sûr, la nostalgie « par moments déchirante [de] vraies prairies » (*E.*, p. 114). La pension de famille de Meudon où ils vont en vacances n'est pas plus gaie ; située dans « un vaste parc sans pelouses [...], planté de grands arbres sombres ... » (*E.*, p. 117). Voici maintenant la morne rue, longue comme son nom « Vercin-gé-to-rix », qui conduit justement à la clinique où naît Lili, un « petit être hideux, rouge, violet ». Voici même — et c'est bien pis — le « sinistre réduit » où l'on jette la petite fille, désormais privée de sa vaste chambre qui donnait sur la rue (*E.*, p. 120). Voici enfin l'espace métaphorique créé par le mot « malheur » que la bonne lui accole, mot qui semble tisser « des voiles noirs » (*E.*, p. 121). Le monde paraît en deuil avec ces tristes maisons, leurs fenêtres noires, et la concierge qui « soulève un pan de rideau grisâtre » (*E.*, p. 124). Même lorsque Natacha va jouer au parc Montsouris avec Pierre Laran, elle doit emprunter « la grande avenue morne » (*E.*, p. 138).

En revanche, la promenade à Fontainebleau constitue une étonnante trouée de lumière, comme si l'enfant reprenait vie à travers les sensations éveillées par la vitalité de la nature, hors du monde citadin et parisien puisqu'elle se remémore « le soleil [...] doux », « l'odeur *délicieuse, vivifiante* de la mousse » et les « arbres aux feuilles jaunissantes » (*E.*, p. 149). Même si Madame Bernard met à l'école une note plus gaie, le cadre de celle-ci nous replonge dans la grisaille, avec les « hauts murs d'un beige souillé, sans aucun autre ornement que le tableau noir au fond de l'estrade et une terne carte des départements » (*E.*, p. 165). « Morne » encore est le jardin où Natacha se promène avec Véra (*E.*, p. 182). On comprend que l'enfant se rejette du côté des mots et recrée dans sa première rédaction un espace baigné d'or et de lumière. Le récit rend sensible le caractère métonymique de cet espace, désaffecté par l'absence de la mère, comme si la vitalité même de Natacha vacillait alors, auprès d'une Véra toujours tendue et d'un père un peu en retrait, mélancolique. Même sa fabrique de produits chimiques à Vanves paraîtra triste, contrairement à celle de Russie, bien que les ruisseaux de liquide y soient aussi « rouge[s], bleu[s], jaune[s] » (*E.*, p. 268). N'est-elle pas située à l'angle de deux longues rues mornes, dans une maison de pierre « d'un gris sale » (*ibid.*) ? Après le départ de sa mère, Natacha elle-même prend « un air accablé, morne et triste » (*E.*, p. 258), comme si elle se mettait au diapason de ce monde.

Et pourtant, si l'on scrute le texte de près, on est confronté à un *renversement* essentiel. Du côté de la mère, dans l'espace baigné de lumière chaude et dorée, Natacha est conduite au refoulement, à l'angoisse et même au bord de la folie, alors que dans l'austérité et la morosité qu'elle connaît du côté du père, elle trouve aussi une authenticité roborative et une vraie tendresse par-delà les mots, une tendresse véritablement salutaire. Tel est le paradoxe qui se dévoile à travers la figuration de la mère, du père et des relations que l'enfant entretient avec eux et qui constituent l'armature secrète du récit.

L'HYMNE AU PÈRE

Si l'hymne à la mère est de règle dans la plupart des récits d'enfance, c'est au père qu'un hymne est ici adressé. Car au commencement était le père, et non la mère. Celle-ci, on s'en souvient, est absente des premiers souvenirs, absente de la maison des origines. Le père est en revanche bien présent et, dans une certaine mesure, il occupe la place de la mère. Non seulement il apprend à compter à la petite fille, lui enseignant aussi les jours de la semaine (*E.*, p. 44) — ce qui peut être après tout le rôle du père comme de la mère —, mais il lui donne à manger « la délicieuse bouillie de semoule au lait » (*E.*, p. 45) et la cuillerée de confiture avec le calomel ; c'est lui encore qui la berce d'une « voix basse [...], incertaine, comme un peu éraillée » (*E.*, p. 52), remplissant là un rôle éminemment maternel. Il modifie les paroles du chant pour y introduire l'appellatif tendre, comme le font les mères : « dans cette berceuse, il a remplacé les mots " mon bébé " par le diminutif de mon prénom qui a le même nombre de syllabes, Tachotchek... » (*E.*, p. 53). Il semble communiquer moins par les mots que par l'énonciation, l'intonation de la voix, les gestes. La narratrice rappelle ces gestes pudiques qu'il esquissait et qu'enfant, elle déchiffrait, les interprétant pour nous au présent de l'écriture. Ce père parle peu mais les mots dont il use révèlent une créativité de la tendresse, toujours un peu retenue, comme on le voit dans sa réponse à Tachok qui s'interroge et l'interroge sur le retour cyclique du temps à travers celui des jours de la semaine : « Si je le dis toute la nuit ? ça va revenir de nouveau, lundi, mardi, toujours ? — Toujours, mon petit idiot... » (*E.*, p. 44).

Le récit nous rend témoin, à chaque étape de
l'enfance de Natacha, de la connivence
immédiate, charnelle établie entre elle et son
père. Nous la voyons toute petite prendre
possession de lui en caressant « ses joues
maigres, un peu rugueuses [...], lui chatouiller sa nuque [...], lui donner un gros baiser dans le creux de l'oreille », tandis que, par
une espèce de scénario convenu entre eux, il
« fait mine de se fâcher » *(ibid.)*. Il lui fait prononcer le russe et elle, le français, dans une
égalité insolite, marquée dans le « nous » qui
clôt la séquence : « et nous rions, nous
aimons nous amuser ainsi l'un de l'autre... »
(*E.*, p. 45). Le drame silencieux du coucher
où tout passe par un code et un rite que chacun respecte en fournit un autre exemple
(*E.*, p. 53). Les variations sur cette scène
sont significatives : la narratrice rejoue la
scène dans le présent pour tenter d'y décrypter la peur de la trahison, insinuée par le
double, mais justement la réexécution lève
tout soupçon. La relation avec le père repose
sur un accord sans défaillance, peut-être
parce que, contrairement à la mère, il se
défie des mots et redoute l'emphase (*E.*,
p. 54) : la convention tacite et claire
enseigne à Tachok la valeur du silence
quand il est lesté d'un poids de vérité. La
romancière s'en souviendra en élaborant ses
sous-conversations dont les mots émergent,
alourdis de silences.

UN JEU AVEC LES TROP
GRANDS MOTS

La onzième séquence nous rend témoins de
ce jeu entre le père et l'enfant, fondé sur une
légère transgression. Elle sait que son père
déteste l'emphase. Elle l'amène pourtant à
violer son propre code pour dire son amour à
sa fille. La scène se détache sur fond de grisaille et de silence, l'atmosphère qui accompagne le père. Dans le dialogue amorcé par la
petite fille, la parole grave est neutralisée par
le ton malicieux : « Est-ce que tu m'aimes,
papa... ? » (*E.*, p. 57). La narratrice répercute
les mots qui ont subsisté en elle pour reconstituer l'attente qu'ils recelaient : « Je savais
que ces mots " tu m'aimes ", " je t'aime "
étaient de ceux qui le feraient se rétracter,
feraient reculer, se terrer encore plus loin au
fond de lui ce qui était enfoui... » (*E.*, p. 58).
Il y a donc là du défi, la conscience d'un tropisme à conjurer en l'autre. C'est un vrai psychodrame auquel elle se livre sciemment, en
posant une nouvelle fois la question sur ce
mode de la variation musicale déjà rencontré.
L'objet demandé ne l'est pas pour lui-même
mais comme un gage, comme le signe d'une
connivence plus profonde, un moyen de
dégonfler les mots. L'enjeu est d'éprouver
son pouvoir, d'autoriser une transgression
ludique qui ne porte pas atteinte aux profondeurs. Tel est ce que dévoile la sous-conversation : « tu vois, je n'ai pas songé un instant
à t'obliger à t'ouvrir complètement, à étaler
ce qui t'emplit, ce que tu retiens, ce à quoi tu
ne permets de s'échapper que par bribes, par

bouffées, tu pourras en laisser sourdre un tout petit peu... » *(ibid.)*. Ainsi, une petite fille étrangement délicate réussit une manière de catharsis et une romancière expérimentée donne corps à l'indicible. Un autre psychodrame mettra en jeu et à l'épreuve la nature du lien qui unit encore le père et la mère. Natacha jouant volontairement d'une certaine ressemblance avec sa mère pour débusquer les sentiments de son père. Elle a confusément senti qu'il lui faut éviter de réveiller en lui quelques tropismes qui ont trait à sa mère, sentiments informulés qui flottent entre la « rancune », la « réprobation » et même le « mépris » – « Je ne donne à cela aucun nom » (*E.*, p.127). Un jour elle devine un obscur désir de son père, celui de retrouver quelque chose de la mère dans la fille qui se prête au jeu : « Mais ce n'est pas moi, c'est lui, c'est son regard à lui qui a fait venir cela sur mon visage, c'est lui qui le maintient... » (*E.*, p. 128). Il s'agit donc d'un psychodrame et d'une interaction, déployés par le récit. L'enfant exauce le vœu secret du père. La narratrice commente les mots du père. Elle en reste au neutre des sensations et impressions indicibles, laissant au lecteur le soin de traduire ce quelque chose, peut-être le désir du père de retrouver trace de l'amour ineffaçable pour la mère, dont témoigne furtivement le verbe « caresser » : « et dans ces mots quelque chose d'infiniment fragile, que j'ai à peine osé percevoir, je craignais de le faire disparaître... quelque chose a glissé, m'a effleurée, m'a caressée, s'est effacé » (*E.*, p. 129).

UNE AUTRE FIGURE PATERNELLE ?

Ce silence de connivence s'établira de nouveau entre Tachok et son père au moment où ils lisent la dernière carte de l'oncle Tacha, frère du père, mort de manière probablement accidentelle en dépit des soupçons qui pesèrent sur la police tsariste[1]. Le fragment fait surgir une autre figure paternelle, double de celle du père, plus jeune mais tout aussi tendre, sinon maternelle. Natacha le revoit en train de lui reboutonner le col de son manteau et de l'emmener au Luxembourg. La figure paternelle s'enrichit d'une nuance à travers cette comparaison. Le père est embarrassé par sa propre pudeur qui tend à élever une barrière entre sa fille et lui (*E.*, p. 154), ce que le double souligne, notant l'abandon du diminutif de Tachok sans incriminer Véra. De ce fait le récit laisse subsister ici un mystère, se bornant à en souligner les contours pour le lecteur : « Mais même à un moment comme celui-là, quand nous sommes seuls, papa et moi avec entre lui et moi, entre nous seuls *ce lien si fort*, la gêne subsiste » *(ibid.)*.

1. Voir Dossier, p. 184.

UN LIEN INDÉFECTIBLE

La connivence a pu sembler s'altérer lorsque, au retour de Natacha à Paris, le père observe sans cesse un silence accablé, semble avoir hâte que sa fille se retire dans sa chambre. L'instance narrative dit alors « mon père » et non plus « papa », traduisant ainsi la distance qui semble s'instaurer entre eux (*E.*, p. 114). Et cela jusqu'au jour où la trahison de la mère, qui a dévoilé le code secret prévu entre elle et sa fille, déclenche en Natacha un vif désespoir ; la tendresse quasi maternelle du père reparaît alors dans l'étreinte qu'il ose, plus forte que jamais, dans le geste que la narratrice décrit avec une délicatesse qui rejoint la sienne : « il sort son mouchoir, il essuie avec une maladresse tendre, comme tremblante, mes larmes, *et il me semble voir des larmes dans ses yeux* » (*E.*, p. 116). L'alexandrin qui clôt cette représentation révèle le lyrisme du récit lui-même. Les mots du père relèvent d'une expression banale, presque stéréotypée (« tu verras, dans la vie, tôt ou tard, tout s'arrange... », *ibid.*), mais ils sont revalorisés par ce qui les sous-tend et par le commentaire proleptique exceptionnellement solennel de la narratrice : « À ce moment-là, et pour toujours, envers et contre toutes les apparences, un lien invisible que rien n'a pu détruire nous a attachés l'un à l'autre... » (*ibid.*). L'utilisation du passé composé — le temps du commentaire — met en lumière la dimension augurale et inaugurale de cet instant crucial où se noue un destin. Le texte se veut ici évidemment exemplaire, comme l'indique l'assomption du commentaire par une voix narrative, proche de celle de l'auteur implicite, avec un accent rare dans *Enfance* : « Je ne sais pas exactement ce que mon père sentait, mais moi, à cet âge-là, je n'avais pas neuf ans, je suis sûre que tout ce qui petit à petit s'est révélé à moi, au cours des années qui ont suivi, je l'ai perçu d'un coup, en bloc... tous mes rapports avec mon père, avec Véra, leurs rapports entre eux, n'ont été que le déroulement de ce qui s'était enroulé là » *(ibid.)*.

Illusion rétrospective peut-être, mais le récit de vie se donne ici comme la mise en mots d'un destin, ancré sur un invisible presque indicible. N. Sarraute — car c'est bien elle — livre là toute une vision de l'existence par une parole testamentaire. Ce lien ainsi noué avec le père, sur fond de malheur pourtant, lui permet de n'être jamais vraiment blessée par sa mauvaise humeur. Les « idées », qui pourraient être perturbatrices (*E.*, p. 136), n'ont pas la portée persécutrice de celles que la mère a fait naître. Car l'enfant a puisé dans son lien avec le père « une force que rien ne pourrait réduire, une complète et définitive indépendance » (*E.*, p. 137). La trente-septième séquence se clôt sur cette forte affirmation. Cette petite fille qui semble abandonnée à la cruauté d'une marâtre a compris qu'elle peut absolument compter sur son père, à l'égard duquel un renversement se produit déjà, signe qu'une grande personne est en train d'éclore en elle. Lorsqu'elle voit son père apprendre difficilement à monter à vélo, elle mesure soudain son âge : « et moi, comme tout à coup il me fait pitié... » (*E.*, p. 150). Le terme pourrait prêter à confusion ; il exprime plutôt le sentiment d'une faiblesse nouvelle que Natacha doit prendre en compte.

Même les crises, inévitables dans toute relation, ne pourront compromettre en profondeur cette connivence. Ainsi en va-t-il, après la transgression commise par Natacha : elle a volé un sachet de dragées refusé par Véra, sans doute pour l'en punir, et alimente sciemment la colère du père par des paroles destinées à lui permettre d'épancher sa bile (*E.*, p. 157), libérant ce qui est comprimé en lui : « Mais moi, est-ce que tu t'imagines que je fais tout ce dont j'ai envie ? » (*E.*, p. 158). Même si ces paroles trahissent du dégoût, voire de la haine, elles ne blesseront pas Natacha car, comme le souligne la voix narrative, leur relation est « au-delà », inaccessible aux contingences et aux intermittences du cœur. Voilà pourquoi sans doute l'enfant ne se plaindra jamais de la dureté de Véra. Il y aura l'épisode des poux où le père mesurera avec sévérité l'abandon dans lequel est laissée sa fille. Il y aura — pis encore — l'épisode de la maladie de Tachok, victime d'une infection à la suite d'une vaccination. Le père prend alors le relais de Véra, qui ne pénétrait même pas dans la chambre, et assume totalement le rôle maternel, cette fois auprès de la grande fille qu'elle est devenue (*E.*, p. 224). L'épisode marque le retour du diminutif le plus tendre, comme si le lien entre père et fille s'en trouvait renforcé : « tu vas dormir maintenant, bientôt tu seras dans ton lit, et tout passera, tu seras bientôt guérie, *Tachotchek*, ma petite fille, ma chérie » (*E.*, p. 225).

Le récit nous rendra témoin de la colère déclenchée par la lettre où la mère rejette sa fille, une fois de plus, mais avec une violence verbale inusitée. Le père se livre alors à une sorte d'autodafé (*E.*, p. 258). Du reste, à travers la nouvelle manière dont son père la nomme, alors qu'elle est devenue presque grande — elle va entrer au lycée —, elle croit déchiffrer une préférence informulée mais claire : « Plus jamais Tachok, mais ma fille, ma petite fille, mon enfant... et ce que je sens dans ces mots, sans jamais me le dire clairement, c'est comme l'affirmation un peu douloureuse d'un lien à part qui nous unit... » (*E.*, p. 270). Natacha ne rêverait-elle pas qu'elle est sa seule « vraie fille » ? La narratrice a mentionné en effet que « le caractère nerveux de Lili, ses caprices continuels et ses cris écartaient d'elle, même son père... » (*E.*, p. 231). L'exigence d'authenticité contraint l'instance narrative à rectifier aussitôt après (« Il ne s'en est rapproché davantage que plus tard... »), mais tout est dit et bien conforme aux procédures habituelles aux récits d'enfance : la petite sœur est disqualifiée. De l'aveu même de la narratrice, pour Natacha, sa « vraie sœur » était Hélène, morte en bas âge, et fille de la même mère (*E.*, p. 254). Voilà qui lui laisse une certaine « exclusivité » paternelle. Même si, par moments, le père lui-même se mue en personnage, il est avant tout saisi dans une relation qui ne l'objective pas, comme c'est inévitable en régime d'autobiographie. Preuve en est que nous ne saurons jamais son prénom, alors que nous saurons celui des oncles et tantes, ou des autres familiers. Nous n'apprendrons son patronyme qu'indirectement, grâce à l'initiale qu'invente Natacha. Ce Tcherniak si joliment écrit révèle la fierté qu'elle éprouve à porter le nom d'un père qu'elle admire.

L'enfant pose ce père en modèle. Partant heureuse à l'école, elle imite son père qui manifeste chaque matin une sorte de hâte et de joie secrète à travers l'aspect du verbe lorsqu'il clame « je suis parti », et non « je pars » (*E.*, p. 165) ; elle met la même joyeuse impatience à s'échapper. C'est à son père et à lui seul qu'elle remet son carnet de notes ; c'est son estime qu'elle quête lorsqu'elle récite pour lui ses poèmes et lui montre ses rédactions. La narratrice souligne sa disponibilité, la sobriété du compliment attendu et reçu : « C'est très bien. » La convention fonctionne... Nous trouvons même une sorte d'égalité entre eux dans la manière dont ils cherchent ensemble à résoudre les redoutables problèmes d'arithmétique (*E.*, p. 170). Lorsque le père doit chercher ailleurs une aide, il revient à cette égalité avec sa fille : « comment n'y avons-nous pas pensé ? » (*E.*, p. 171). Il la traite sans cesse comme un être responsable. Nous l'avons vu refuser de lui mentir à propos du calomel dans la cuillerée de confiture, faire appel à sa maîtrise de soi lors de ses cauchemars et à sa capacité de choix lorsqu'elle doit se déterminer entre lui et sa mère. Or le père, en faisant reposer la décision de Natacha sur elle-même, et non sur les prétendues difficultés de la mère, a su trouver les mots qu'il faut. Il s'est refusé à déguiser la vérité. Alors ses paroles agissent « comme un anesthésiant » (*E.*, p. 175). Elles favorisent l'arrachement salutaire. Le texte se fait ici véritable hymne au père, à l'efficacité de cette affection secrète mais si forte que la voix narrative, pour la décrire, se meut dans une rhétorique de l'indicible. Tout le fragment est placé sous le signe du détour, par la négation, la litote et le neutre : « Je *ne sais pas* si mon père m'a serrée dans ses bras, *je ne le pense pas*, ça *ne m'aurait pas* fait sentir davantage la force de ce qui nous unit, et son soutien total, *sans* condition, *rien n*'est exigé de moi en échange, *aucun* mot ne doit aller lui porter ce que je ressens... » *(ibid.)*. La manière dont le père revendique sa judéité, non par conscience d'une supériorité mais par volonté d'authenticité, son goût prononcé pour son travail de chimiste — il dit que pendant qu'il travaille, il ne sent jamais la fatigue (*E.*, p. 169) —, sa tolérance positive de « libre penseur », ouvert à toutes les croyances pourvu qu'elles haussent la qualité de l'être (*E.*, p. 236), son refus du mensonge, fût-ce par omission, en font une figure éminemment éthique. Il est manifeste qu'il a ainsi contribué à constituer l'idéal du moi de sa fille, tout en lui donnant une tendresse toute maternelle et cette sécurité indispensable à l'édification de soi. Le texte s'arrête presque sur une image du père qui lègue comme un secret de vie, une manière de légitimer son existence, sa ration nécessaire d'effort quotidien : « Il se découpe là, très mince et droit, une image, lui aussi, celle de la détermination, de l'énergie... son visage est plus jeune et plus heureux que d'ordinaire... Il dit " Bon. Alors à demain... un ' Bon ' par où s'échappe un peu de sa satisfaction, un ' Bon ' où je perçois Comme c'est bon, comme c'est bien qu'il en soit ainsi, que j'aie reçu aujourd'hui ma part d'efforts quotidiens, que je la reçoive encore demain... Sans cette part, comment est-il possible de vivre ?... Bon. Alors à demain... Allons viens, ma fille " » (*E.*, p. 270).

De surcroît, en faisant du père son modèle, Natacha se choisit moins comme une petite fille que comme un enfant, hors de toute différenciation sexuelle.

LA FIGURE DE LA MÈRE ET LES MOTS

Le récit nous rend témoin de l'affranchissement difficile, douloureux d'une petite fille naturellement subjuguée par une mère brillante, séductrice, mais totalement égocentrique. Dès l'origine, elle brille par son absence dans la trop belle maison d'Ivanovo. Tout se passe ici comme pour le calomel dans la cuillerée de confiture. Qu'est-ce qu'une maison natale où la mère fait défaut ? Le récit, qui ne débute pas par l'origine, commence tout de même sur cette désertion ; elle n'est pas dans l'hôtel suisse ni dans la première séquence, ni dans la seconde où l'enfant en est réduite à conjurer l'absence par le talisman des mots sortilèges de la mère qui lient mais asservissent (*E.*, p. 16). Tout se noue ici à travers des mots trop lourds qui condamnent la petite fille à inverser les rôles, à intérioriser cette mère abusive, intrusive qui l'abandonne et la ligote à la fois : « Oui, elle peut en être certaine, *je la remplacerai auprès de moi-même*, elle ne me quittera pas, ce sera comme si elle était toujours là pour me préserver des dangers que les autres ici ne connaissent pas » *(ibid.)*. Toute l'ambivalence de la mère se dévoile déjà, même s'il faut lire la suite du récit pour en mesurer la nocivité. Avec ce pouvoir de dire le bien et le mal (« elle seule peut distinguer ce qui est bon pour moi de ce qui est mauvais », *ibid.*), nous sommes renvoyés au mythe de la Genèse et plongés dans le sacré. En outre l'enfant est ici contrainte au dédoublement (elle joue le rôle de la mère intériorisée). Elle subit l'exclusion du groupe des enfants et la répréhension des adultes.

UNE RELATION AMBIVALENTE

La relation que déploie le récit est ici presque rigoureusement antinomique de celle que la petite fille noue avec son père. La mère exerce une sorte de charme par sa seule présence étincelante et vive. La mélodie de ses mots suffit à bercer l'enfant qui s'endort, enveloppée de cet air de légèreté que la mère répandait autour d'elle, « toujours un peu enfantine, légère » *(E.*, p. 19). Paradoxalement, cette légèreté bien ambiguë aura d'abord un effet bienheureux sur l'enfant ainsi rassurée *(ibid.)*. Dans la mesure où elle s'intéresse assez peu à l'enfant, elle ne pèse pas non plus sur elle. Aucune injonction ne vient troubler Natacha : « rien n'est exigé de moi, pas de regard cherchant à voir en moi si j'écoute attentivement, si je comprends... »

(*E.*, p. 20) et l'on sait combien cela est essentiel pour cette petite fille indépendante puisqu'elle fera exactement la même remarque à propos de son père (*E.*, p. 175). Telle est la rançon curieusement positive de ces contes pour enfants qui, contre la loi du genre, sont composés et dits pour d'autres – « ce qui me revient, c'est cette impression que, plus qu'à moi c'est à quelqu'un d'autre qu'elle raconte... » (*E.*, p. 20). Mais, dans la petite enfance au moins, Natacha, que sa mère n'appelle du reste jamais par son prénom ni même par un diminutif, se bornant à la qualifier de petits noms d'animaux (« mon lapin blanc », « mon petit chaton »), se laisse imprégner par l'aura inséparable de sa mère.

L'IDENTIFICATION DE LA MÈRE

Nous n'aurons pas de descriptions systématiques du visage de la mère, seulement des « instantanés », correspondant au regard, aux *prises de vue* de la petite fille. La mère est montrée en train d'écrire sur « d'énormes pages blanches », ou en train de lire dans son fauteuil, de sa voix grave (*E.*, p. 38), sans vraiment penser à ce qu'elle lit, et soudain nous découvrons avec Natacha qui s'approche, son « air surpris », ses yeux, qui « paraissent immenses, emplis de naïveté, d'innocence, de bonhomie... » (*E.*, p. 40). Nous sommes associés aux sensations gratifiantes de la petite fille qui pose ses lèvres « sur la peau fine et soyeuse, si douce de son front, de ses joues » (*ibid.*). Ces perceptions subjectives nous laissent ignorer la taille ou le prénom de la mère que, selon Natacha, tous regardent avec admiration, rue Flatters, ou même « adoration » comme le fait Kolia à Pétersbourg (*E.*, p. 73). Cette mère semble si sûre de sa beauté que, contrairement à la méchante reine de Blanche-Neige, elle n'a pas besoin d'interroger les miroirs (*E.*, p. 93). N'est-elle pas « au-dehors... Hors de tout cela » (*ibid.*) ? Ce qui pourrait sembler être de l'oubli de soi, lié à une forme d'intellectualité, est subtilement démonté ici comme une forme exacerbée de narcissisme. Aussi impose-t-elle indirectement à sa fille l'idée qu'elle est incomparable, parce qu'elle séduit tout le monde. Voici la narratrice en quête de cet ineffable qu'elle ressentait enfant : « J'aimais ses traits fins, légers, comme fondus... je ne trouve pas d'autre mot..., sous sa peau dorée, rosée, douce et soyeuse au touch*er*, plus soyeuse que la soie, plus tiède et tendre que les plumes d'un oise-*let*, que son du*vet*... » (*ibid.*). La paronomase (dorée/rosée), les variations sur « soyeuse », les assonances et l'image — assonancée — du duvet de l'oiselet convergent pour ressaisir la sensation unique et bienfaisante. Mais, peu à peu, la description glisse vers des défauts : l'irrégularité du visage, la petitesse des yeux et, pis, le regard « assez étrange... fermé et dur parfois et parfois vif, naïf... Souvent comme absent... » (*E.*, p. 94). Le chiasme, la cadence ternaire, les assonances trahissent la difficulté de cerner un indéfinissable. Qui donc était cette mère ? La réponse semble sans cesse différée. Un second portrait, après les trois ans de séparation, révèle un visage plus dur, une silhouette épaissie (*E.*, p. 251), mais tout se passe comme si le charme finissait par opérer de nouveau avec la réitération du plaisir éprouvé à toucher la peau soyeuse de la mère et à sentir son parfum. Cependant le récit exhibe l'indifférence de la mère, jamais tendre en dépit des mots dont elle caresse Natacha. On ne la voit embrasser sa fille que lorsque celle-ci arrive à Pétersbourg (*E.*, p. 68). Tous les gestes de tendresse viennent de l'enfant : c'est Natacha qui se serre contre elle (*E.*, p. 20 et 40), qui croit devoir la défendre contre on ne sait quel danger. En revanche la mère essuie simplement les larmes de sa fille après la terreur de l'opération (*E.*, p. 26), et surtout lors du voyage qui précède leur longue séparation ; elle reste assise en face de l'enfant, se contentant d'étendre le bras pour essuyer « avec [un] mouchoir déjà trempé [son] visage ruisselant de larmes » (*E.*, p. 107). En se refusant à être accablant, le récit ne l'est que davantage. Lorsqu'elle revoit sa fille, elle l'inspecte, hoche la tête d'un air réprobateur (*E.*, p. 251). Partout on voit la mère agacée (*E.*, p. 29, 75 et 99). Elle rit de manière méprisante lorsque sa fille émet une « idée » blessante pour elle (*E.*, p. 100). La narratrice se remémore sa propre gêne devant le corps un peu trop dénudé de sa mère qui là encore demeure à distance : « Nous restons là l'une en face de l'autre, nous nous regardons, je ne sais pas quoi dire et je vois que maman ne sait pas très bien quoi dire non plus... » (*E.*, p. 252). Le dialogue des corps fait défaut ; celui des cœurs aussi. La petite fille, qui a mûri, parvient, cette fois, à formuler le terrible diagnostic : « Et d'un coup je sens, comme jamais je ne l'avais sentie avant, l'indifférence à mon égard de maman » (*E.*, p. 255). Le lecteur, lui, était déjà averti par le portrait indirect qu'en faisait Gacha pour les autres bonnes (*E.*, p. 101). Le soupçon s'était insinué dans la petite fille, devenant une obsession, un impartageable secret parce qu'il relevait précisément du sacrilège : « " Maman est avare. " " Maman n'est pas reconnaissante " " Maman est mesquine... " » (*E.*, p. 102). À travers cette « idée », l'enfant attentait à l'image que sa mère lui avait donnée d'elle par son usage de la parole.

LE PARADOXE DES MOTS MATERNELS

La mère ne caresse qu'avec des mots dont elle sait user, mais, plus souvent, elle recourt à un langage normatif et performatif : « Tu dois mâcher les aliments [...]. Surtout ne l'oublie pas » (*E.*, p. 15-16). « Oh écoute, arrête de me tourmenter avec tes questions... » (*E.*, p. 30). Et ailleurs : « Arrête-toi maintenant, mon chéri, ça suffit » ; puis, plus cinglante : « tu ne trouves vraiment rien à faire de plus intéressant ? » (*E.*, p. 80-81). La norme la plus écrasante puisqu'elle implique une forme de mépris ou de rejet s'abat sur Natacha, on l'a vu, à travers le maniement répété de la même qualification : « Mais qu'est-ce que tu racontes ? Mais tu es folle... » (*E.*, p. 29) ; et, pis encore, énonçant une pseudo-loi : « Un enfant qui aime sa mère trouve que personne n'est plus beau qu'elle » (*E.*, p. 95). La condamnation passe par des mots imparables, des mots qui enferment l'enfant dans une intolérable ambivalence : ou elle est une enfant indigne, « un monstre » (*E.*, p. 97), ou sa mère est une « marâtre ». Or les deux propositions sont également insupportables. Cette ambivalence risque en effet, à la longue, d'engendrer « une véritable folie » (*E.*, p. 101). Le séjour chez le père et l'éloignement auront une vertu thérapeutique, en permettant à l'enfant de mettre à distance le dangereux « charme » de sa mère.

Le maléfice qui enchaîne l'enfant aux mots de sa mère tient en effet au paradoxe qui définit celle-ci. Elle règne d'autant plus par la force de ses mots et de ses sentences qu'elle les adapte rarement à l'enfant à qui elle s'adresse. Les mots tombent sans véritable ajustement. Déjà la mère n'avait pas pris la mesure de la signification de ses propres mots ni de leur sens pour la petite fille subjuguée. Ainsi en va-t-il de l'image de la poussière pour désigner de manière métaphorique la conception. Bien entendu Natacha l'a prise à la lettre. L'épisode de l'opération des amygdales révèle quelque chose de pire. Promettre à l'enfant la joie rare de revoir ses grands-parents pour la précipiter dans l'horreur de la douleur et dans l'angoisse particulièrement forte de l'anesthésie par l'éther, c'est faire preuve d'une inconsciente cruauté et d'une totale carence d'instinct maternel, pour autant que celui-ci existe. La cruauté fait ensuite place à un manque total de discernement éducatif. La mère confie à sa fille la rumeur selon laquelle « Véra est bête », sans mesurer que cela priverait sa fille de la vertu d'une autorité légitime. Et l'enfant sera en effet plongée dans des perplexités angoissantes à propos de Véra (*E.*, p. 188).

Voilà donc une mère, rien moins qu'éducatrice, qui parle à sa fille comme à n'importe qui ou à soi-même, dévoilant ainsi sa profonde légèreté, son indifférence. Elle a oublié ou négligé le code dont elle est convenue avec sa fille pour que celle-ci puisse l'informer de ce qu'elle éprouve sans offenser ceux avec qui elle vit. Elle rompt l'accord et accable le père de reproches. L'enfant se sent trahie, abandonnée, plongée dans un complet désarroi (*E.*, p. 115). La séparation accroît la distance entre les mots de la mère et ceux qu'attend l'enfant. Dans les cartes postales qu'elle expédie à sa fille, la mère se met peu à peu à parler comme elle écrit pour les enfants en général. La destinataire est oubliée, niée, tandis que perce la complaisance de l'écrivain pour son texte (*E.*, p. 126). Le même décalage se manifeste dans les mots de la mère lors de son retour en France. Son rejet de Natacha est confirmé ensuite par sa lettre au père où elle désigne en sa fille « un monstre d'égoïsme » (*E.*, p. 258). Et pourtant, il restera un legs positif : le rapport à ses mots, et son rapport aux mots, la beauté, l'enchantement qu'ils peuvent produire, comme le révèlent les deux jeux parallèles de la mère et de l'enfant, aux deux bouts du livre, Natacha ne se lassant pas de scander *soleil / solntze* (*E.*, p. 107), et l'autre se grisant de la beauté des deux mots russes et français : *gniev/courroux*, dans une sorte de gloire dorée (*E.*, p. 258). L'image prégnante de la mère, toujours en train de lire ou d'écrire, a sans doute fasciné l'enfant, l'incitant à faire de même. Ce n'est certes pas une prédestination, mais au moins les linéaments d'une vocation sur laquelle le récit jette des lueurs originales.

UN RÉCIT DE VOCATION PARADOXAL

Dans *Entre la vie et la mort*, une mère, en admiration devant les prouesses langagières de son fils, croit avoir enfanté un génie, un écrivain de race. À l'inverse, la narratrice d'*Enfance* s'évertue à présenter la romancière enfant jouant comme tous les autres, sans aucun caractère d'exception (*E.*, p. 24). Nous l'avons vue prononcer des paroles incantatoires, faites de « syllabes barbares et drôles » (*E.*, p. 34) pour faire éclore une graine ; là se dévoile la croyance magique, enfantine, à une efficacité propre des mots dans leur signifiance. Natacha prend les mots de sa mère au pied de la lettre, mais c'est une tendance commune à tous les enfants, qui ne comprennent ni la litote ni l'hyperbole. Le récit montre que, pour Natacha, la jonction du mot et de l'expérience est immédiate, comme si le mot, c'était la chose elle-même. Il n'y a pas d'abstraction. Sa mère lui a raconté que les enfants naissaient à la suite de l'ingestion d'une poussière. Mais l'enfant ne peut décrypter la métaphore destinée à voiler le caractère sexuel de l'origine (*E.*, p. 29). Ailleurs, les mots de la mère exercent une influence magique bénéfique, même si progressivement l'enfant découvre qu'ils sont un leurre ; mots caressants des cartes postales ou des lettres de la mère (elle y évoque « notre amour », « notre séparation », et même « notre triste séparation » (*E.*, p. 121). L'enfant s'empare de ces mots comme d'un rempart contre les mots des autres, car ceux-ci, elle en fait tôt l'expérience, peuvent blesser, déchirer, comme l'ont fait, hélas ! les mots de la mère.

LES MOTS QUI BLESSENT

Natacha est tôt confrontée à la puissance destructrice des mots, au désastre qu'ils provoquent. Nous l'avons vue réagir fortement à la pression écrasante des mots de la gouvernante allemande, au pouvoir exécutoire de ceux de sa mère. Très jeune, l'enfant a senti ce qui se joue sous les mots, à travers l'inexplicable violence qui sourd des mots de son père à l'égard de ses propres parents. La scène est emblématique d'un apprentissage douloureux du rapport aux mots, d'autant plus marquant qu'elle a le père pour protagoniste et que celui-ci parle peu d'habitude (*E.*, p. 55-56). C'est une étape et une épreuve, la découverte d'une parole où le geste du corps pèse plus que le sens des mots ; l'enfant devine que dire, c'est d'une certaine façon faire, et ici faire mal. Au moment où les « idées » s'installent en elle, les mots de la mère la déchirent, prennent une sorte de réalité objective (*E.*, p. 96), deviennent des morceaux de réel, vrais icebergs qui flottent à la surface de la conscience, entraînant le morcellement du moi.

Cependant, chez son père, l'enfant a acquis une distance critique à travers sa réaction aux mots d'Adèle ou de Véra, deux personnes du monde familial investies *a priori* d'un rôle d'autorité, mais sans statut moral qui le soutienne. Adèle, la bonne, particulièrement dépourvue de bienveillance à l'égard de l'enfant, a marmonné : « Quel malheur quand même de ne pas avoir de mère » (*E.*, p. 121), au moment où l'enfant vient de découvrir qu'on la prive de sa chambre pour la donner à Lili. Elle réagit alors, et jamais ne fut plus vraie la réflexion proustienne : « Là où la vie emmure, l'intelligence perce une issue[1]. » Le récit figure une espèce de psychodrame. Dans un premier temps, la petite fille se sent prise dans ces mots, sans pouvoir s'y soustraire (*E.*, p. 120). Elle appelle alors à son secours le témoignage de livres, *David Copperfield, Sans famille*, dont les héros sont en effet privés de mère. L'enfant courbe d'abord la tête sous le verdict : « Ce même malheur a fondu sur moi, il m'enserre, il me tient » (*E.*, p. 122). Mais voici le tropisme libérateur de ce qui oppresse : « Et puis tout en moi se *ré*vulse, se *re*dresse, de toutes mes

1. M. Proust, *Le temps retrouvé*, éd. par J.-Y. Tadié, Gallimard, Bibliothèque de la Pléiade, 1987, p. 454.

forces je *re*pousse *ça*, je le déchire, j'arrache ce *car*can, cette *cara*pace » *(ibid.).* Le procès de révolte, de réaction qui favorise la délivrance est figuré par toute une signifiance. Natacha s'évade par la généralisation « hors des mots qui s'abattent sur *vous* et *vous* enferment », précise-t-elle pour le lecteur, qu'elle associe à sa découverte de jadis, devenue décisive pour la romancière : « Non, pas *ça*, pas un de ces mots, ils me font peur, je préfère me passer d'eux, qu'ils ne s'approchent pas, qu'ils ne touchent à rien... rien ici, chez moi, n'est pour eux » *(ibid.).* Elle a maintenant découvert son univers langagier à travers ce « ça », ce neutre innommable dont elle ne veut rien connaître, par opposition à ce « chez moi » qui apparaîtra plus loin. Le présent montre que cette première expérience s'est soldée par une victoire définitive. L'issue a été trouvée grâce à une forme de raisonnement qui a favorisé la distance salutaire.

En revanche, face aux mots de Véra, au moins dans un premier temps, pas d'esquive pour l'enfant, souvent prise à l'improviste. « Ce n'est pas ta maison », lui lance la marâtre, alors que la petite venait d'user de la formule habituelle aux enfants qui demandent à « rentrer à la maison ». L'instance narrative s'efforce, en revivant la scène, d'en percer le secret qui échappait à la petite fille. Mais comment analyser une énonciation si brutale que précisément elle a rendu impossible la persistance de la trace ? Seuls flottent encore les mots appelés ici paroles, sans doute justement parce que celles-ci s'envolent :

« Mais rien n'en est resté. Il est probable qu'elles ont par leur puissance tout écrasé... même sur le moment rien en elles, rien autour d'elles d'invisible, rien à découvrir, à examiner... je les ai reçues closes de toutes parts, toutes nettes et nues.

Elles sont tombées en moi de tout leur poids et elles ont une fois pour toutes empêché qu'" à la maison " ne monte, ne se forme en moi... » (*E.*, p. 131-132).

Expérience à la fois *emblématique et initiatique*, c'est une épreuve traumatisante, formatrice malgré tout puisqu'elle a conduit l'enfant à chercher un autre refuge, celui des mots, les siens. À l'égard des mots de Véra, elle réagira différemment en grandissant ; elle se cabrera en évaluant leur poids : « puisqu'il ne m'est pas possible de croire tout ce qu'elle me dit, j'ai trouvé qu'elle n'avait pas raison, j'ai donc refusé de l'écouter... » (*E.*, p. 189-190). Aussi Natacha réagit-elle intimement de manière très violente au précepte stéréotypé de Véra : « mais en réalité une rage impuissante produisait en moi comme des trépignements, des gigotements... » (*E.*, p. 192). La brutalité du « tiebia podbrossili » suscitera presque une délivrance par une vertu cathartique paradoxale (*E.*, p. 184). Faut-il en conclure que les mots vrais, fussent-ils durs, libèrent ?

NATACHA ET LES LIVRES

Natacha est — comme beaucoup d'enfants qui ne deviennent pas écrivains, hélas ! —

une liseuse invétérée. L'amour des livres précède la lecture puisque la narratrice se revoit amusée plus que terrifiée par « les deux méchants garnements ficelés sur un plat, prêts à être enfournés et rôtis comme deux petits cochons de lait... » (*E.*, p. 47-48). L'image de *Max et Moritz* est fidèle. Peut-on penser que Natacha, qui en scande les vers — qu'elle sait par cœur —, a senti le caractère purement ludique du livre, à travers ces phrases rythmées un peu comme des chansons ? En revanche, l'image contenue dans le livre du docteur Hoffmann, *Der Struwelpeter* — traduit en russe[1], et dont le titre français serait « Des histoires drôles et des images gaies » — suscitait une terreur fantasmatique : « un homme très maigre au long nez pointu, vêtu d'un habit vert vif avec des basques flottantes, brandit une paire de ciseaux ouverte, il va couper dans la chair, le sang va couler... » (*E.*, p. 47) ; la peur de jadis est restituée au futur proche, tant l'instance narrative se confond ici avec l'enfant qu'elle était pour nous faire habiter ce rapport à l'image, si réelle pour l'enfant qu'on doit coller la page pour la rassurer. Cela révèle le poids de certaines images dans la genèse des fantasmes enfantins : ici, la peur de la castration.

FICTION ET RÉALITÉ

En voyage vers Kamenetz-Podolsk, Natacha dévore un livre de la bibliothèque rose. Le rapport aux mots du livre n'est pas moins révélateur : l'enfant, très jeune (autour de

1. Docteur Heinrich Hoffmann, *Der Struwelpeter, oder lustige Geschichte und drollige Bilder. Loewes Verlag Ferdinand Carl.* Littéralement, *Struwelpeter* signifie « Pierre l'ébouriffé », mais le personnage correspond à peu près à notre Gribouille.

quatre ou cinq ans), fait mal la distinction entre le réel et la fiction. Le monde du texte se confond avec le sien. Les pages qui racontent la mort de Tom, dans *La case de l'oncle Tom*, sont gondolées, tant elles ont été «trempées de larmes» par Natacha qui s'identifie aussi avec les héros de *David Copperfield* et de *Sans famille* :« Leurs vies ont été les miennes, comme elles ont été celles de tant d'autres enfants » (*E.*, p. 79). Nous retrouvons le refus de l'instance narrative d'accorder le moindre privilège à l'enfant qui aurait pu s'identifier à ces deux héros (David et Rémi) parce qu'ils sont eux-mêmes des enfants abandonnés. Le roman familial freudien, que la narratrice récuse sciemment, aurait pu s'esquisser là. Si nous l'en croyons, ce processus d'identification n'est ici encore qu'un « lieu commun ». En revanche, *Le prince et le pauvre* semble avoir permis à Natacha d'ébaucher grâce à lui un « roman familial[1] » : « Je crois qu'il n'y en a aucun dans mon enfance, où j'aie vécu comme j'ai vécu dans celui-là »(*ibid.*).

1. S. Freud, *Un souvenir d'enfance de Léonard de Vinci*, *op. cit.*. Voir aussi « Le roman familial du névrosé », *op. cit.*

UNE REDOUTABLE LECTRICE, DÉJÀ ?

À l'inverse, le livre de Mayne Reid donné par le père ennuie, enferme : « je m'évadais des longues descriptions de prairies vers les tirets libérateurs, ouvrant sur les dialogues » (*E.*, p. 115). Voilà déjà une redoutable lectrice qui annonce l'écrivain, à moins que ce commentaire n'émane de l'instance narrative au moment de l'écriture ; car nous reconnaissons, malgré qu'elle en ait, l'esthétique de N. Sarraute qui du reste utilise moins les tirets libérateurs que les points de suspension ou une étonnante ponctuation, et s'abstient de longues descriptions. Natacha s'approprie les mots à travers ceux des autres et des livres, particulièrement en lisant *Rocambole*[1], qui lui permettra d'investir en même temps un monde nouveau, fastueux, fabuleux et baroque.

À travers cet ouvrage, Natacha s'évade du monde morne du père. Le livre devient comme une romanesque maison de vacances où se réfugier, et cela en dépit du poids du verdict du père sur ce livre et son auteur : « C'est de la camelote, ce n'est pas un écrivain » (*E.*, p. 265). Voilà donc Ponson du Terrail doublement dévalué. Or l'enfant découvre dans ce texte non plus le charme des mots mais l'envoûtement du récit qui captive : « impossible de me laisser arrêter, retenir par les mots [...], un courant invisible m'entraîne avec ceux à qui de tout mon être imparfait mais avide de perfection je suis attachée » (*E.*, p. 266). L'instance narrative nous fait revivre avec Natacha la nature du suspens dramatique, créé par le manichéisme de Ponson du Terrail, puisque tout se résout, en définitive, en un combat entre le « bien » (les êtres « les plus valeureux, les plus beaux, les plus purs ») et « le Mal » (*E.*, p. 266-267). Natacha découvre donc que raconter, c'est aussi prescrire et hiérarchiser ; le livre lui sert de repère éthique. Certaines scènes la marquent : l'épisode de la falaise apparaît en effet dans *Rocambole*, laissant une

1. Ponson du Terrail, *Rocambole*, Garnier. Voir Dossier, p. 225.

trace dans la mémoire, sans doute à cause de sa violence. Mais cet ouvrage est aussi ce « là-bas », lieu magique où se trouvent « des palais, des hôtels, des meubles, des objets, des jardins, des équipages de toute beauté » (*ibid.*), par opposition à l'« ici » de la petite fille où tout semble petit et mesquin, même si c'est le monde du bien. L'enfant navigue donc entre les mots des livres qui lui ouvrent un monde de rêve et d'évasion, et la vérité du réel où les mots comptent moins que ce poids mystérieux dont ils sont lestés par le corps, deux manières d'aborder le langage dont témoignent ses propres fictions.

LES VERTUS CACHÉES
DE LA DICTÉE

Sans doute faut-il être N. Sarraute pour oser, à travers l'instance narrative, une apologie de la dictée sans redouter de tomber sous l'accusation d'une naïveté « primaire ». Il est vrai que tout est focalisé sur l'enfant qu'elle fut, exaltée par l'appropriation des mots qui constitue l'exercice de la dictée, vécu comme un jeu avec le langage. Dans tout jeu il y a plaisir et Natacha en trouve dans l'écoute de cette mise en valeur des mots par une belle « diction » (*E.*, p. 167). Celle-ci a pour effet de mettre en lumière la syntaxe et de constituer une sorte d'exposition des mots, distillés pour que les enfants les savourent. Dès lors elle semble sous le double signe de la convenance et de la propriété. L'enfant doit identifier les mots en les comparant à d'autres, en les classant selon leur fonction, en les intégrant à une règle. Ce jeu fait d'elle un véritable sujet qui assume les lois de la grammaire comme celles de l'institution scolaire. Le rapport aux mots s'intègre à une vision éthique. L'expérience de la dictée est celle d'une coïncidence de l'enfant avec elle-même et avec la tâche qu'on lui confie. Elle devient l'instrument d'une conquête de soi (*E.*, p. 168). Après la maîtrise des mots des autres par la dictée, Natacha apprendra celle du récit par la rédaction, mais ce n'était pas sa première tentative ; dès l'âge de huit ans, elle s'était essayée au roman.

LE PARADOXE DE LA TENTATIVE ROMANESQUE

L'enfant se lance dans l'écriture romanesque, comme pour rivaliser avec sa mère romancière : « dans un roman... dans mon roman, j'en écris un, *moi aussi* » (*E.*, p. 88). Sommes-nous donc en présence d'un récit de vocation archétypal ? Cette tentative, apparemment négative, est peu à peu présentée comme un authentique apprentissage. Ses mots, et l'histoire que son récit très ultérieur condense, suggèrent qu'elle écrivait, comme sa mère et sans doute sans jamais l'avoir lue, des récits de cape et d'épée (*E.*, p. 87). La substance semble celle d'un roman russe — écrit en français puisque Natacha ne sait pas écrire le russe — avec des personnages stéréotypés, mélodramatiques, des *topoï* romantiques qu'elle aurait puisés en particulier dans un livre lu à Pétersbourg et que sa mère jugeait « insipide, de mauvaise qualité... » (*E.*, p. 229). De là sortiraient le jeune homme phtisique, et peut-être la fuite éperdue des deux amants à travers gorges et défilés. Le récit semble entièrement constitué d'épaves puisées dans des récits lus antérieurement ; les séquences paraissent s'enchaîner sans laisser de marge de liberté à la romancière en herbe. La narratrice élabore le malaise ressenti jadis par Natacha face à son récit *emprunté* à tous les sens du terme. Elle débusque un rapport aux mots, contraint par une sorte de « surmoi » littéraire ; de là vient le cliché du « coursier fougueux », bien sûr. Elle décrit, non sans humour mais en restituant l'impression de sortilège vécu par l'enfant, face à ces personnages tellement stéréotypés qu'ils semblent sortir de contes : « Mais ils sont rigides et lisses, glacés... [...] ils sont comme ensorcelés... » (*E.*, p. 88). Le reproche de l'oncle, qui s'abat sur l'enfant, n'a été ni castrateur ni stérilisant, la libérant des mots et des histoires préfabriquées, fût-ce par la mère. Récit de vocation paradoxal donc, puisque cet épisode dont le double note qu'il fut longtemps un alibi pour ne pas écrire, sera au contraire le germe de sa future originalité.

LA RÉDACTION : UNE LEÇON D'ÉCRITURE

Un premier retour à l'écriture s'effectue par la rédaction — ce « devoir de français » dont le sujet proposé dans la classe du certificat d'études, alors qu'elle a entre onze et douze ans, lui parut d'emblée « en or ». S'agit-il d'une projection ultérieure de la romancière au moment de l'écriture, ou d'une prescience de l'enfant ? L'appréciation relève d'une bonne connaissance de la rhétorique. Nous ne savons pas trop si la leçon d'écriture qui se dégage du récit, nous la devons à la précocité de l'enfant ou au savoir-faire de la romancière. Il faut d'abord mettre à distance le sujet, ne pas s'aventurer dans ce qui risquerait de submerger d'affectivité le scripteur : « ce qu'il me fallait, c'était un chagrin qui serait hors de ma propre vie, que je pourrais considérer en m'en tenant à bonne distance... » (*E.*, p. 208). L'assertion vient à la suite d'une *sorte de mise en abyme* de ce qu'elle fait paradoxalement en écrivant *Enfance* : « De retrouver un de mes chagrins ? Mais non, voyons, à quoi penses-tu ? Un vrai chagrin à moi ? vécu par moi pour de bon... et d'ailleurs, qu'est-ce que je pouvais appeler de ce nom ? Et quel avait été le premier ? » (*ibid.*). D'emblée est récusé ici le rapport autobiographique : « Je me tiens dans l'ombre, hors d'atteinte, je ne livre rien de ce qui n'est qu'à moi... » (*ibid.*). Les ressorts de l'écriture sont exhibés : il s'agit de donner aux autres ce qui leur « convient ». Stratégie de séduction par conséquent. Avant le choix des mots vient celui de l'objet, non sans quelque humour quand on considère les qualifications : « je ne pouvais pas espérer trouver un chagrin plus joli et mieux fait... plus présentable, plus séduisant... un modèle de vrai premier chagrin de vrai enfant... la mort de mon petit chien... » (*E.*, p. 209)[1].

La véritable écriture est feinte, *fiction* justement, et l'enfant — mais nous le savions — s'entend à entrer dans le rôle que les adultes lui donnent à jouer : celui de la « pureté enfantine », bien sûr, et de l'« innocence » ; les mots sont dans le texte, précisés par l'instance narrative qui interprète le sentiment confus de l'enfant qu'elle était. Nous avions vu Natacha dans son rôle d'actrice, la voici « auteur » par la grâce de l'institution scolaire.

NAISSANCE DU RÉCIT

Le récit nous associe donc à une création quasi romanesque : d'abord le flot d'images que le sujet fait *lever*, « encore succinctes et floues » *(ibid.)*, mais prometteuses. Puis l'introduction se déploie devant nous. C'est la mise en scène de soi très concertée, comme celle d'une enfant heureuse et spontanée : « Le jour de mon anniversaire, oh quelle surprise, je saute et bats des mains... » *(ibid.)*. On nous fait participer aux bifurcations de l'imaginaire. Un premier espace — réaliste — vient à l'esprit : le lieu de vacances familial. Dès lors, l'endroit du drame — la mort du petit chien — pourrait être l'étang aux nénu-

1. N. Sarraute a réellement eu un petit chien, appelé Mimi, dont on l'a séparée du fait d'un déménagement (entretien du 23 novembre 1993).

phars (bien proustien, semble-t-il), mais l'instance narrative évoque le tableau de Monet sans le nommer, sans doute à cause de la focalisation interne sur Natacha (*E.*, p. 210). Celle-ci décide de tout changer car ce cadre était emprunté à un autre ; la locomotive au sommet d'un remblai fera plus d'« effet », en étant plus personnelle. Le canevas trouvé, voici la « mise en mots », avec le refus des mots ordinaires « grisâtres, à peine visibles, assez débraillés... » (*ibid.*), écartés au profit de mots d'apparat plus décoratifs, ceux qui sortent des dictées ou des « cahiers bleus » que Sarraute reconnaît avoir lus alors[1] et où figuraient des extraits de R. Boylesve, A. Theuriet ou Loti. Les mots sont personnalisés par les métaphores : mots de bonne compagnie, « venus de lieux bien fréquentés », ils « sont comme revêtus de beaux vêtements, d'habits de fête... » (*ibid.*). L'écriture elle-même devient une cérémonie où les mots sont invités comme des amis (*E.*, p. 211). Natacha découvre avec bonheur « les gênes exquises » de la syntaxe et de la sémantique. L'expression rêvée avec ses allitérations — « le bruissement sec des feuilles d'automne » (*ibid.*) — appelle la transposition de l'ensemble dans une autre tonalité ; le printemps fait place à l'automne, saison plus féconde pour l'écriture poétique, puisqu'elle autorisera aussi les jeux de lumière du « soleil pâle », des « feuilles d'or et de pourpre » (*E.*, p. 212). La leçon d'écriture intègre même la maturation nécessaire, les vertus de la pause. Natacha ne trouvera que dans l'obscurité de la salle de cinéma la phrase de clôture, non

1. C'étaient de petits livres de littérature populaire. N. Sarraute m'a dit les avoir lus assidûment (entretien de mars 1994).

sans avoir énoncé une règle d'or que la romancière a inévitablement déjà vérifiée : « les derniers mots viennent toujours comme poussés par tous ceux qui les précèdent... » (*E.*, p. 213). La phrase a pris corps loin de la page après un détour, une mesure pour rien. La satisfaction qu'elle procure — en passant au « gueuloir » — est liée à un rythme, à des sonorités que font sonner la paronomase et les allitérations : « j'écoutais *enchantée chantonner sourdement dans* mes phrases ») ; l'écrivain en l'herbe trouve son texte « parfait, tout lisse et net et rond... » (*E.*, p. 214). La leçon d'écriture laisse transparaître l'humour de la romancière qui, elle, renoncera à cette plénitude, à cette perfection trop accomplie pour être authentique, et se défiera de ce « balancement léger et régulier », de ce « doux chantonnement » (*E.*, p. 215), recherché dans ses premières ébauches, suspect de n'être qu'un facile ronronnement. Elle redoutera que « ça ne tremble pas assez ». Le récit oscille donc entre la figuration d'une conquête heureuse des mots et celle d'une vocation qui, loin d'être reconnue comme telle, est désavouée, laissant tout de même au lecteur le soin de retrouver, derrière l'apprentissage de l'enfant, la leçon d'écriture d'un écrivain expérimenté.

1. M. Proust, *À la recherche du temps perdu. Du côté de chez Swann*, Bibliothèque de la Pléiade, éd. par J.-Y. Tadié, Gallimard, 1987, t. I, p. 5.

« Un homme qui dort, tient en cercle autour de lui le fil des heures, l'ordre des années et des mondes[1] ». Ainsi en est-il ici de la narratrice, qui semble tenir en cercle autour d'elles toutes ces scènes du passé qu'elle fait surgir au présent. Tout se passe comme si mots et paroles de l'enfance se tenaient dans les profondeurs, prêts à apparaître à la faveur de la moindre attention qu'on leur accorde. La discontinuité du texte fait que nous ignorons à la faveur de quel travail ou de quel événement subit se cristallisent ces souvenirs. Le lecteur que nous sommes, qui ne se confond ni tout à fait avec le double ni avec le narrataire (c'est-à-dire le lecteur supposé par la narration), en est réduit aux hypothèses ; mais peut-être est-ce justement la règle du jeu instaurée par cette « nouvelle autobiographie » post-freudienne qui refuse le legs de Freud, et laisse des énigmes.

UNE IGNORANCE VOLONTAIRE DU DISCOURS FREUDIEN

À l'évidence, N. Sarraute ne méconnaît pas les distorsions de la mémoire. Elle sait qu'elle élabore ses souvenirs en les mettant en « mots », mais elle choisit d'ignorer volontairement les travestissements du désir et de l'inconscient. Ainsi, elle aurait pu s'interroger sur sa hantise des ciseaux qui déchirent la chair, dans le livre dont elle a peur, y voir un fantasme de castration (*E.*, p. 47), dépassé dès lors qu'elle les manie elle-même (*E.*, p. 12) ou qu'elle les tend sciemment à l'envers à Adèle. Le choix est manifestement idéologique. Elle est convaincue que l'homme n'est pas ce qu'il cache ou ce qu'il ignore, que la vie n'obéit à aucun *fatum* lié à une enfance préconsciente ou inconsciente, que l'homme est ce qu'il fait ou ce que son intelligence le fait. La façon qu'a N. Sarraute de se situer au moment où naît la conscience, vers deux ou trois ans, montre assez que son projet est résolument autre. Comme elle s'est obstinée à le faire dans toute son œuvre, elle se maintient décidément à la limite du conscient et du subconscient, là où se forge le sujet dans un dialogue avec soi-même et avec autrui Ainsi le moi se constitue, en explicitant par des mots un informulé qui pèse ou qui pousse jusqu'à se manifester en surface. Le récit rejoue les scènes remémorées de manière à élucider la masse de sensations et d'images charriées par la mémoire ou l'imaginaire mais qui habitaient le silence de l'enfant.

MATIÈRE ET MÉMOIRE[1]

Même si jamais N. Sarraute ne se réfère à Bergson, elle reconnaît qu'elle l'a lu. Les souvenirs sont là dans les profondeurs, prêts à reparaître au hasard d'événements présents qui réveillent le passé. La sélection qu'elle reconnaît avoir opérée parmi les souvenirs qui ont resurgi semble obéir à la volonté de mettre en lumière *une identité*, au sens fort du

1. H. Bergson, *Matière et mémoire*, Alcan, 1896. Nathalie Sarraute m'a dit avoir lu Bergson (entretien de mars 1993).

terme, c'est-à-dire ce qui constitue un « soi » dans sa permanence, pour autant qu'il y en ait une, et qui pourrait répondre au latin *idem*, et dans la conscience singulière qu'il prend de lui-même et qui correspondrait cette fois au latin *ipse*[1]. La mise en scène de soi enfant par l'écrivain, parvenue au faîte de sa carrière, ne peut manquer d'introduire au moins une interrogation, subsumée sous le nom de N. Sarraute. Qu'y a-t-il de commun entre Natacha Tcherniak et l'écrivain célèbre à peine dissimulée derrière la double instance narrative, dès lors qu'elle signe le récit dont elle est aussi le protagoniste ?

1. P. Ricœur, *Soi-même comme un autre*, Seuil, coll. Poétique, 1986. P. Ricœur distingue l'*ipséité* — le soi comme singularité ou différence essentielle — de la *mêmeté*, c'est-à-dire l'identité conçue comme une permanence, une continuité ininterrompue (p. 11-50).

LA MISE EN LUMIÈRE D'UNE CONTINUITÉ

Cette permanence du sujet, ou plutôt la continuité ininterrompue entre l'enfant et l'adulte, se manifeste d'abord par la mise en scène physique de soi enfant : « je suis toute petite, j'ai mon manteau de velours blanc si beau qu'on me dit que dedans je suis " une vraie poupée " » (*E.*, p. 55) ; « Je suis assez grande maintenant pour qu'on ne m'installe plus dans une voiture, je peux m'asseoir à califourchon sur ce lion jaune ou plutôt sur ce cochon rose... » (*E.*, p. 60).

Cette permanence est aussi attestée par le recours récurrent à la locution verbale « ce qui m'est resté » ou « ce qui a subsisté », à propos du séjour auprès de ses grands-parents paternels : « Mais on dirait que ce moment-là, tellement violent, a pris d'emblée le dessus sur tous les autres, *lui seul est resté* » (*E.*, p. 56) ; ou encore à propos de mots et de scènes : « En tout cas, de ce qui a pu être dit ne sont *restés* que ces mots que j'entends *encore* très distinctement : " Est-ce que tu m'aimes, papa ?... " » (*E.*, p. 57). Il semble qu'à ses yeux, une émotion forte ait fixé le souvenir, ce dont témoignent les images qui précèdent la séparation d'avec la mère : « Ce qui ne se confond avec rien, c'est maman assise en face de moi près de la fenêtre » (*E.*, p. 107). Le passé résonne dans le présent de l'écriture. Mais qu'est-ce qui le grave ? L'interrogation est récurrente sur ce tri opéré dans le passé par la mémoire : « Et toutes sortes d'images de lui [l'oncle Iacha] se présentent à moi, il devait y avoir beaucoup en ce temps-là, une en tout cas me vient, *la seule qui soit restée, qui est toujours là...* » (*E.*, p. 153). Comme dans la conception bergsonienne, le passé subsiste, mais la pointe la plus aiguë des souvenirs se manifeste soudain à la surface de la conscience. « Encore un nom qui curieusement a subsisté : la rue Boissonade » (*E.*, p. 64). Ce nom propre qui désigne l'un des lieux du côté du père, dans la première partie, rejoint l'interrogation sur celui du médecin consulté avec sa mère, le docteur Kervilly : « oui, je ne sais pas pourquoi d'entre tant de noms disparus le sien se lève... » (*E.*, p. 15). La variation de la formule nous renseigne en effet sur la conception implicite de la mémoire. Tout est là mais seuls émergent certains souvenirs que la force de l'émotion a jadis gravés. Le récit entier obéit à ce tri entre ce qui a sub-

sisté et ce qui s'est « effacé » ou « enfoncé »,
de sorte que la narratrice avoue qu'elle
« n'en [voit] rien en surface » (*E.*, p. 40).
Ainsi en va-t-il de l'image forte, inchan-
geable, imprimée une fois pour toutes de la
maison d'Ivanovo, mais faux souvenir.
D'autres images subsistent, bien qu'elles
soient purement ludiques — ou à cause de
cela ? Telle est l'image de *Max et Moritz* qui
atteste qu'on peut avoir peur « pour rire »,
comme disent les enfants. Dans une certaine
mesure, N. Sarraute s'amuse encore à
feuilleter ce livre intérieur constitué
d'images enfantines privilégiées — en vertu
de quoi ? C'est pour préserver l'une d'entre
elles, celle de *La maison de glace*, que la narratrice refuse de consulter l'édition pour
adultes : « cette maison-là, je n'ai pas pu la
regarder... J'ai voulu conserver la mienne...
Elle est demeurée pour moi telle qu'elle
m'apparaissait » (*E.*, p. 77). Peut-on saisir
dans l'image même la raison de ce privilège ?
La représentation poétique qu'elle en donne
ensuite au présent relève d'une vision
expressionniste et fantastique d'une grande
fécondité esthétique : « La nuit d'innombrables bougies brûlent dans les chandeliers,
les candélabres, les lustres de glace, sans les
faire fondre... la maison devenue translucide
semble flamber au-dedans... un bloc de
glace incandescente... » (*E.*, p. 78). Or cette
vision s'insère dans le mythe de Pétersbourg, rejoignant l'image des palais aux
colonnes blanches, ainsi que « la glace
transparente et bleutée [...], la lumière [...]
d'un gris argenté » (*E.*, p. 69) qui constituent

le génie du lieu. N. Sarraute recrée l'enchantement mais fait aussi apparaître, malgré qu'elle en ait, l'ambivalence de ce monde oxymorique où la glace brûle, métonymique de l'ambivalence jamais réduite de la mère ? Ne serait-ce pas la source de la sacralisation de cette image ?

LE ROMAN FAMILIAL FREUDIEN ESQUISSÉ

Aussi peut-on soupçonner pourquoi restent « gravées » les images du *Prince et le pauvre* comme deux sillons indélébiles — « deux sillons que deux images, et elles seules, ont creusés... » (*E.*, p. 79), « restées toujours aussi intenses, intactes » (*E.*, p. 80). La paronomase fait résonner le lien intrinsèque qui joint ces deux qualifications. Nous sommes renvoyés au contrat de lecture initial. Seules demeureraient les images fortes ou délicieuses, préservées par ce que la narratrice nomme la « ouate » de l'enfance, ce monde à part, rassurant et protégé — de ce fait inoubliable ? Ou restent-elles fixées par l'intensité de ce que vit un enfant, hors des mots ? La sélection que fait l'instance narrative (*E.*, p. 79), dans l'ouvrage de M. Twain, est en vérité significative : ce petit prince loqueteux, juché sur un tonneau[1], près d'une écuelle de fer, en butte aux railleries d'êtres humains aux faces infernales, n'est-il pas l'image de la petite fille transplantée en Suisse, loin de sa mère, loin du fastueux monde pétersbourgeois, en butte à l'exclu-

1. M. Twain, *Le prince et le pauvre*, éd. par F. Lacassin, Laffont, coll. Bouquins, 1990. Voir Dossier, p. 228.

sion, aux moqueries des enfants, tandis qu'elle est attablée devant son assiette de potage (*E.*, p. 14) ? Ne peut-on penser que le petit Tom qui porte à ses lèvres le rince-doigts est aussi une figure de Natacha qui, comme lui, se sent étrangère : « mais je viens de loin, d'un lieu étranger où ils n'ont pas accès, dont ils ignorent les lois... » (*E.*, p. 18) ? Ne pourrait-il avoir enfin quelque parenté avec la petite fille qui tend les ciseaux du mauvais côté à sa bonne Adèle et s'entend dire : « On ne t'a donc pas appris chez ta mère que ce n'est pas comme ça qu'on doit passer des ciseaux » (*E.*, p. 160) ? Certes, si nous en croyons la chronologie, Natacha s'est attachée bien longtemps auparavant au livre de Mark Twain. Mais ce livre fut l'objet de relectures et la narratrice se soucie peu d'éclairer les raisons pour lesquelles subsistent ces images qui ont constitué en elle les habitudes du cœur et le fondement de l'identité.

Le dédoublement de l'instance narrative ou de la conscience chez N. Sarraute (dont nous rend témoins aussi *Entre la vie et la mort*) n'aurait-il pas trouvé là sa source ? Cette modalité crée en tout cas un « nouveau lecteur », conduit à s'interroger sur une « archéologie du moi ». Du reste, le double met en lumière un trait de caractère permanent de N. Sarraute qui manquerait d'esprit de repartie, garderait de l'enfance l'habitude de « ne jamais ouvrir aussitôt ce genre de paquets » (*E.*, p. 95), pour ne pas examiner sur-le-champ ce qui l'a blessée. Or le paquet bien enveloppé qu'elle n'a ouvert qu'ensuite mais que le récit déballe pour nous, c'est la réponse de la mère qui a fait vaciller l'identité de l'enfant (*E.*, p. 99). La conscience de soi angoissée, morbide, est figurée par l'image de l'eau morte : « les eaux stagnantes, bourbeuses, polluées des étangs... » (*E.*, p. 98) seraient en elle par opposition aux « eaux *vives*, rap*ides*, limp*ides* » qui tourbouillonneraient « en tous les autres, les vrais enfants » (*ibid.*). À travers ce jeu des métaphores et des assonances, le texte éclaire indirectement le psychodrame dont l'enfant était le théâtre et actualise le passé pour le lecteur ou pour l'écrivain elle-même. Du reste, N. Sarraute l'annonce dans le paratexte[1]. Il s'agissait de montrer comment l'obsession s'installe, mais aussi comment le sacrilège peut être accompli et dépassé pour permettre une authentique autonomie. Le récit prend donc, malgré tout et de manière implicite, valeur d'exemplarité, mettant en scène et la continuité ininterrompue du sujet et sa capacité, à chaque instant instauratrice, innovatrice, de dire « je » en s'opposant.

1. Voir Dossier, p. 194.

L'IDENTITÉ NARRATIVE

S'il est vrai que notre identité se dit toujours à travers une pluralité de récits, constamment rectifiés, comme le suggère P. Ricœur[2] après Hanna Arendt, nous voyons que N. Sarraute travaille à constituer cette identité à travers une série de micro-récits ou de scènes dans lesquels elle se pro-

2. P. Ricœur, *Temps et récit III*, Le Seuil, coll. L'ordre philosophique, 1985, chap. « Sur l'identité narrative », p. 352-359.

jette. L'enjeu de chaque scène est de souligner la singularité perdue de l'expérience enfantine. Un récit distancié, au passé purement rétrospectif, aurait été impuissant à restituer cette intériorité indicible, surtout pour l'enfant. Or N. Sarraute ne livre que rarement les mots mêmes de l'enfant. Ici, pas de « mots d'enfant », mais un silence, peuplé de bruissements, mis en mots par la romancière. Son texte élabore des expériences plus ou moins fondatrices, fussent-elles apparemment minimes. Chaque scène rejoue une relation. Même à travers le rapport aux choses — le canapé ou les ciseaux —, c'est bien d'une relation qu'il s'agit. Les postures variées de la petite fille, dans ses diverses relations avec des personnes adultes ou des enfants de son âge, donnent à voir la constitution d'une identité forte, celle d'un écrivain désormais célèbre. Aussi la quête de soi à travers ces variations de l'identité narrative est-elle ici peu séparable d'une poétique. La parole n'est pas simple traduction d'une expérience ; elle est cette expérience même à laquelle le lecteur est associé.

UNE IDENTIFICATION DE SOI : DE NATHALIE À NATACHA OU TACHOK

Le récit établit d'abord une proximité entre Natacha et N. Sarraute, l'auteur implicite, à travers les constatations des deux instances narratives. L'écriture déploie en effet un « ici et maintenant » qui surgit, s'impose dans un présent vif où l'émotion accompagne le récit : « les voici de nouveau, ces paroles, elles se sont *ranimées* » (*E.*, p. 10). Or cette présence est obtenue non par le seul effort de la remémoration mais par l'effet de l'écriture. Dans le cas présent, la narratrice *identifie*, à tous les sens du terme, le geste de la transgression jadis et le sien au moment où elle prend la plume. Ce faisant, elle met l'accent sur la continuité ininterrompue entre soi enfant et soi adulte et sur l'idiosyncrasie de l'écrivain qu'elle est devenue et qu'elle choisit d'être par ce nouvel acte d'écriture. La voix paternelle chantant la berceuse résonne encore en elle : « je l'entends aujourd'hui si distinctement que je peux l'imiter et j'avoue que parfois cela m'arrive... » (*E.*, p. 52-53). Ce moment du passé de ses cinq ans resurgit au présent de l'intimité avec soi : « mais une crainte me retient encore, plus forte que celle d'impro*bables*, d'impen*sables* sanctions, devant ce qui va arriver dans un instant... l'irréver*sible*, l'impos*sible*... » (*E.*, p. 11). Le jeu d'assonances et de paronomases dénonce cette poétique du langage qui réinvestit l'expérience passée, la présentifie en l'interprétant et permet de fait à N. Sarraute de se choisir dans l'acte inaugural de transgression. Dire, ici, n'est pas seulement faire ou refaire, c'est faire advenir une facette de soi. Dans la seconde séquence, le contenu de la promesse compte moins que l'engagement qui sauvegarde un lien entre soi et l'autre, mais aussi de soi à soi. Là encore le récit favorise une rétention du passé dans le présent, une sorte d'élargissement du présent : « Mais ces mots et ces images sont ce qui permet de saisir tant bien que mal, de *retenir* ces sensations » (*E.*, p. 17). Tel est sans doute le sens du premier titre envisagé — « Avant qu'ils disparaissent » : retenir un aspect de soi, attester la continuité de l'enfant à l'adulte et illustrer cette singularité qui constitue le « soi ». De même, au moment de l'atroce séparation, les participes présents restituent dans toute sa vivacité, sa pérennité, la douleur intolérable ressentie par l'enfant : « et moi courant le long du quai, hurlant, sanglotant, et l'oncle courant derrière moi pour me rattraper, me prenant par la main, me ramenant, où, je ne sais plus, probablement dans un autre train partant en sens inverse » (*E.*, p. 111). Ce moment semble en effet avoir brisé en deux la vie de la petite fille qui sanglote dans son lit chaque soir jusqu'à ce qu'elle soit confrontée à la trahison maternelle : « Jamais plus je ne pourrai me confier à elle. Jamais plus je ne pourrai me confier à personne » (*E.*, p. 115). La généralisation et l'anaphore sont instructives : la relation à la mère est la formule paradigmatique de la relation aux autres. L'expression dans sa radicalité confond le vécu du passé et le moment de l'écriture dans cette conscience absolue et lyrique d'un irréversible. La fin de la séquence confirme le caractère décisif et unique qui lui fait chercher désormais du côté du père une identification. Or ce choix — le récit le souligne — est inséparable de toute une destinée, fondée sur un système de relations désormais réorganisées en vertu de cette catastrophe et de cet événement fondateur : « je suis sûre que tout ce qui petit à petit s'est révélé à moi, au cours des années qui ont suivi, je l'ai perçu d'un coup, en bloc... tous mes rapports avec mon père, avec ma mère, avec Véra, leurs rapports entre eux, n'ont été que le déroulement de ce qui s'était enroulé là » (*E.*, p. 116). La narratrice adulte nous livre, par ce jugement distancié, sa « version » de soi en interprétant par un récit — fût-il discontinu et segmenté en scènes —, le sens de sa vie.

Certes, en précisant : « Je ne me comparais à personne » (*E.*, p. 165), elle réincarne son « incomparable » mère, tout en interprétant ses propres réactions à la lumière de celles du père : « J'essaie seulement de retrouver à travers ce que je percevais en lui ce qui se passait en moi » (*ibid.*). Néanmoins, c'est désormais à elle-même qu'elle entend rester fidèle en conservant la place de première, alors qu'elle est déjà au lycée : « Il n'est pas possible que ce que j'ai fait vienne après ce qu'a fait quelqu'un d'autre » (*E.*, p. 217). Peut-on exprimer plus clairement la conquête et la conscience d'une estime de soi ? Au lieu de nous attendrir sur une enfance malheureuse, source probable d'une destinée fatale, le récit révèle le paradoxe d'un sujet qui s'édifie contre vents et marées à travers des identifications et des refus.

LES AUTRES MODÈLES
D'IDENTIFICATION DE SOI

L'ultime identification s'accomplira grâce à celle que le récit nomme Mademoiselle de T., avec le modèle héroïque et légendaire de Bonaparte. La narration souligne, non sans humour, le lien entre la carte de la bataille d'Austerlitz affichée par l'institutrice au tableau et cette figure d'identification qu'est ici Bonaparte : « c'était moi, incarnée dans ce Napoléon un peu gras et ventripotent, mais je ne le voyais pas, c'était moi à travers lui qui regardais dans la lorgnette, donnais des ordres... » (*E.*, p. 244). Les Florimond se révéleront des modèles plus modestes, plus proches du père, « comme des enluminures, des images de piété... » (*E.*, p. 269). Dans cet itinéraire éthique par lequel une personnalité se choisit, on rencontre des héros et des saints. Certes l'enfant écrit comme la mère, mais, dans une certaine mesure, la mère, ce faisant, se conduit, pour l'époque, comme un homme : elle signait ses romans d'un pseudonyme masculin. Les deux instances narratives contribuent à montrer par leur dialogue que l'enfant ne se choisit pas comme une petite fille. Dans ses lectures, elle s'identifie à des héros masculins. Et, dans la vie, les modèles masculins l'emportent, même si « babouchka » ou les deux institutrices paraissent momentanément avoir été des intercesseurs dans cette formation du moi. Cette préférence est sans doute un trait d'époque — c'est l'impression que je retire de nos entretiens —, la neutralisation de la différence sexuelle féminine permettant alors d'échapper à l'infériorisation que celle-ci risque d'entraîner et que refusaient de fait les émigrés russes, en ne faisant « entre les hommes et les femmes [pas] la moindre différence » (*E.*, p. 200). Le récit laisse Natacha au seuil de ce qu'elle appelle sa « nouvelle vie », et du lycée où il ne fait que peu d'incursions, mais il nous a fait partager juste auparavant une nouvelle expérience de fusion avec la nature. La confrontation des deux expériences d'« extases » du moi montre que l'écriture n'est pas ici pure remémoration ni commémoration mais appropriation de soi et du monde.

LA POÉSIE COMME RÉAPPROPRIATION DE SOI

L'EXTASE ET LE POÈME EN PROSE

Reportons-nous au moment de joie pure vécu au Luxembourg, près du père et de Véra, alors que Natacha habite encore avec sa mère. Le contexte est heureux. Véra a fait danser l'enfant lors de leur première rencontre. Le cadre est celui de ce jardin qui, du moins dans *Enfance*, est le lieu même du loisir heureux. Les circonstances sont précisées à l'arrière-plan pour authentifier l'expérience (*E.*, p. 66). L'atmosphère de féerie semble inséparable de celle des *Contes* d'Andersen dont on venait de lui lire un passage. L'accent est mis sur l'irruption d'un indicible ineffable : « Pourquoi faire revivre cela, sans mots qui puissent parvenir à capter, à retenir ne serait-ce qu'encore quelques instants ce qui m'est arrivé... » *(ibid.)*. « Capter » l'expérience, telle une source, alors que les mots se dérobent parce qu'ils la trahissent ou la manquent, voilà le problème de l'écrivain. Cet indicible est tel parce qu'il est un avènement, sans précédent et sans suite, sans équivalent. Pour le ressaisir, l'écriture doit donc le contourner par toute une rhétorique négative et par le détour poétique de la métaphore : « comme viennent aux petites bergères les visions célestes... mais ici *aucune* sainte apparition, *pas* de pieuse enfant... » *(ibid.)*.

L'examen des brouillons révèle que N. Sarraute faisait d'abord référence à la manière de Tiepolo (« comme un petit nuage dans le ciel bleu de Tiepolo, portant des anges »). La référence a été balayée, sans doute pour éviter toute intrusion dans le texte d'images-relais venues d'autres créateurs. N. Sarraute recherche la formulation propre de son expérience singulière. Tout montre un travail d'allégement, d'élagage.

Après le recours au neutre, l'affirmation d'une « primultimité » absolue : « quelque chose d'unique... qui ne reviendra plus jamais de cette façon » *(ibid.)*. Le récit bute non seulement sur un ineffable mais sur le sentiment d'une intensité que le temps n'a pu tout à fait altérer, en dépit des immenses distances temporelles parcourues : « une sensation d'une telle violence qu'encore maintenant, après tant de temps écoulé, quand, amoindrie, en partie effacée elle me revient, j'éprouve... mais quoi ? » (p. 66-67). Le récit manifeste des perplexités, des hésitations qui procèdent de l'écrivain elle-même, confondu ici avec l'instance narrative, nous dévoilant la laborieuse recherche du mot qui ne trahisse pas la sensation, ne l'édulcore pas : « mais quoi ? quel mot peut s'en saisir ? » (*E.*, p. 67). Le mot « bonheur[1] » est récusé parce qu'il est le premier venu, et qu'il est trop commun (« mot à tout dire »), mais peut-être aussi à cause de sa signifiance. « Félicité », « exaltation » sont écartés pour leur laideur, leur lourdeur peut-être — ou encore leur longueur ? (« qu'ils n'y touchent pas... »). Serait-ce qu'ils écraseraient de leur signification superlative ou de leur excessive longueur la qualité spirituelle et fugitive de la sensation ? « Extase... comme devant ce mot ce qui est là se rétracte... » (*ibid.*). Est-ce l'emphase qui est redoutée en plus de la sémantique religieuse ? Le mot « joie » est donc privilégié pour sa « modestie ». Serait-ce pour sa banalité qu'il est dit tel ? Peu probable puisque le mot « bonheur » a été récusé pour ce motif. Il faut plutôt songer au caractère bref, clair et doux de ce monosyllabe. Il peut effleurer la réalité et presque la caresser de sa résonance ouverte et fluide. Tout un rapport entre la signifiance des mots et le vécu intime est ici impliqué. Le mot n'exprime pas exactement, il ne cir-

1. N. Sarraute a fait sur ce mot un petit article, intitulé « Le bonheur de l'homme », 1970, texte paru dans *Mainichi*, journal japonais, repris dans le numéro déjà cité de *Digraphe*, 1984. Voir Dossier, p. 194.

conscrit pas le vécu ; il ne le figure pas davantage. Il crée une simple connivence avec le référent, sans le subsumer tout à fait parce que celui-ci est exceptionnel. Le détour poétique s'impose donc : « mais il n'est pas capable de recueillir ce qui m'emplit, me déborde, s'épand, va se perdre, se fondre dans les briques roses, les espaliers en fleurs, la pelouse, les pétales roses et blancs, l'air qui vibre parcouru de tremblements à peine perceptibles, d'ondes... » (*ibid.*). Le lyrisme se traduit par l'accumulation de présents imperfectifs qui figurent cette effervescence ininterrompue.

La métaphore de l'eau jaillissante — une source — et l'impression d'une surabondance trouvent leur achèvement dans le sentiment d'une fusion avec le monde extérieur, rencontré ici sous le mode d'un détail très pictural (le « mur de briques roses »). L'extase matérielle requiert le poème en prose pour conjoindre en une seule phrase l'effervescence du moi et l'exubérance d'une nature printanière, véritable symphonie en rose et blanc (« briques roses » *ibid.*, « pétales roses et blancs », *ibid.*). La métaphore des ondes traduit la vibration même de la vie cosmique, à travers celle de l'air : les monosyllabes (« pur », « vie », « quel autre mot ») accompagnent de nouveau la rhétorique de l'indicible. Le texte se replie sur un aveu d'impuissance, puis sur une variation : le même mot est repris dans une configuration à peine différente, de manière à créer une sorte de mot neuf, tandis que les négations mettent l'accent sur cette sensation originaire et originale : « aucune menace sur elle, aucun mélange, elle atteint tout à coup l'intensité la plus grande qu'elle puisse jamais atteindre... » *(ibid.)*. L'écrivain ressaisit en écrivant l'expérience paroxystique de l'enfant. Le fragment poétique fait coexister, de manière paradoxale, présence et nostalgie de cet instant : « jamais plus cette sorte d'intensité-là, pour rien, parce que c'est là, parce que je suis dans cela, dans le petit mur rose, les fleurs des espaliers, des arbres, la pelouse, l'air qui vibre... je suis en eux sans rien de plus, rien qui ne soit à eux, rien à moi » *(ibid.)*.

Or cette expérience mystique de communion avec le monde sensible est d'abord la conscience heureuse existentielle de soi, peut-être liée à l'insouciance, au sentiment de gratuité de l'enfance. Ce tropisme positif, vécu dans le passé, est aussi — qui peut en douter à parcourir ce jeu des variations poétiques ? — un mode de réappropriation par l'écriture de la joie perdue.

LA JOIE PERDUE ET RETROUVÉE

La première évocation de ce monde extérieur était en effet plus descriptive, réaliste et impressionniste : « je regardais les espaliers en fleurs le long du petit mur de briques roses, les arbres fleuris, la pelouse d'un vert étincelant jonché de pâquerettes, de pétales blancs et roses, le ciel, bien sûr, était bleu, et l'air semblait vibrer légèrement... » *(E.,* p. 66). L'imparfait signale la description de l'arrière-plan. Un paysage printanier, où se mêlent le vert et le rose, est mis en place pour le lecteur comme un décor dans lequel advient le tropisme (au passé composé) : « et à ce moment-là, c'est venu... ». À la fin du texte, tout s'écrit au présent : « parce que c'est là, parce que je suis dans cela » (*E.*, p. 67). L'expression « dans le petit mur rose » ne va pas sans rappeler le « petit pan de mur jaune » proustien et la vision singulière, irremplaçable que léguait ainsi, selon Bergotte, le peintre Vermeer, modèle de tout artiste. N'est-ce pas ce qu'accomplit le poème en prose de Sarraute, conjuguant pour elle et pour son lecteur l'instant passé et celui de l'écriture, dans une fusion heureuse et vibrante : « je suis en eux sans rien de plus, rien qui ne soit à eux, rien à moi » *(ibid.)* ? La cadence ternaire mineure figure cette ultime dépossession que l'écriture célèbre comme une victoire sur l'angoisse existentielle et habituelle. Ce véritable poème en prose peut être confronté avec une version heureuse d'un moment au Luxembourg qui s'achève, dans *Le planétarium*, par une catastrophe[1]. Une ultime séquence nous ramène à une nouvelle expérience de fusion heureuse avec la nature printanière en Isère. Nous retrouvons la lumière, les petites fleurs et, cette fois, de grands arbres. Mais il n'y a plus de *Contes* d'Andersen pour contaminer de merveilleux le réel. La petite fille, qui a maintenant douze ans, va au-devant de la sensation et quête l'impression de fusion. Elle nous fait assister à une véritable propédeutique de la communion avec une nature plus sauvage :

1. Voir Dossier, p. 215.

« je m'agenouille sur son bord, je trempe mes mains dans son eau transparente, j'en humecte mon visage, je m'étends sur le dos et je l'écoute couler, je respire l'odeur de bois mouillé des énormes troncs de sapins écorcés portés par son courant et qui ont échoué près de moi dans les hautes herbes... je colle mon dos, mes bras en croix le plus fort que je peux contre la terre couverte de mousse pour que toutes les sèves me pénètrent, qu'elles se répandent dans tout mon corps, je regarde le ciel comme je ne l'ai jamais regardé... je me fonds en lui, je n'ai pas de limites, pas de fin » (*E.*, p. 275).

Elle entre en communication avec cette nature originelle et protectrice par le geste d'ablution purificatrice ; elle s'imprègne de ce monde végétal en le humant. La voici presque pareille à ces troncs écorcés, telle une épave entraînée par le courant ; elle veut se confondre avec le mouvement de la nature. La fusion n'est plus ici le seul fruit d'une grâce, liée à la contemplation, venue on ne sait d'où. Elle survient à la suite d'une expérience cosmique du moi qui découvre dans cette terre ses racines et la source profonde de sa vitalité. C'est une expérience fondatrice d'un ancrage matériel et quasi maternel dans la terre-mère – « pour que toutes les sèves me pénètrent, qu'elles se répandent dans tout mon corps » (*ibid.*). La contemplation se résout en communion totale, en extase et en instant d'éternité. Le moi s'absorbe dans le monde, après l'avoir absorbé ; la cadence ternaire mineure reparaît pour figurer cette immersion heureuse dans ce tout qui traverse l'être et le délivre de ses douloureuses limites. L'enfant y puise, tel Antée, la force vivifiante d'affronter sa « nouvelle vie » vers laquelle nous allons avec elle à travers le trajet en bus de sa maison au lycée. Le présent dit encore la puissance incantatoire de la poésie par laquelle la narratrice — il n'y a plus de double — coïncide avec l'enfant qu'elle était et avec le monde. Avec cette expérience de fusion provoquée et l'infusion en soi des forces de la nature, l'enfant a parachevé son initiation ; elle est devenue un « sujet », tandis que l'écrivain s'est ressaisie elle-même dans cette présence à soi par l'écriture poétique.

CONCLUSION

On voit mieux, après la lecture, ce qu'était cette « ouate », cette « couche protectrice », symbole de l'enfance. Le récit traduisait ainsi les expériences heureuses d'Ivanovo ou même de Pétersbourg. Tels sont les événements paradigmatiques d'une enfance protégée, malgré tout, avec des moments forts, heureux parfois, plus souvent inquiétants, enfouis mais non oubliés et que le geste d'écriture ne se contente pas de reconstituer comme des « maquettes du passé ». Le récit s'est fait magie évocatoire et investigation méthodique, non pour imaginer un passé perdu, révolu, mais pour faire resurgir un monde enfoui en soi comme dans chaque lecteur, appelé dès lors avec les deux instances narratives, et avec N. Sarraute elle-même, à mener une archéologie de soi. Les étapes ordinaires du récit d'enfance ne sont parcourues ni par complaisance narcissique, ni avec une espérance thérapeutique. L'écriture ne résout rien, ne délivre de rien, m'a répété à l'envi N. Sarraute. Son projet est plus manifestement phénoménologique. La *terra incognita* de l'enfance est explorée pour montrer un enfant — par-delà toute différenciation sexuelle — se constituer progressivement en sujet autonome à travers des figures d'identification, des refus et des transgressions. En ce sens, *Tu ne t'aimes pas* peut apparaître comme le versant négatif de cette quête. Alors qu'*Enfance*, en définitive, fait assister à l'éclosion et à la réappropriation d'un sujet fort, cohérent, capable de dépasser les déterminations négatives, la fiction suivante, parue en 1989, met en lumière la multiplicité de « moi » irréconciliables et un insurmontable émiettement du sujet. Un texte nuance l'autre. Il n'est tout de même pas interdit de penser que le récit d'*Enfance* gardera un statut exceptionnel par le défi qu'il oppose à la posture autobiographique, par la délicatesse de la présence qu'il impose : celle d'une enfant intelligente et sensible, toujours attentive, grave parfois et parfois espiègle, mais aussi audacieuse et déjà pleine d'humour, cherchant à trouver son équilibre. Faisant résonner la double voix d'une instance narrative qui revit et interprète, l'écrivain ressuscite son enfance pour la préserver de l'oubli et cependant la congédier, lui rendre justice et grâce, d'une certaine manière pour la sauver et la sauvegarder par une forme d'universalisation. Au demeurant, l'enfance, telle qu'elle est représentée, apparaît en somme comme une véritable *matrice* de l'œuvre entière, ce que révèlent les nombreuses expériences qui refont surface dans les récits et pièces de théâtre. Ce faisant, N. Sarraute a créé en effet une nouvelle autobiographie et un nouveau « lecteur », lui-même partagé entre l'élucidation critique de ce qu'est l'enfance en général et la sienne propre, et la découverte, sous l'œuvre très virtuose de l'écrivain, d'une crypte où se tient une petite fille courageuse, presque héroïque, tendue à la recherche d'une sereine réalisation de soi dont l'œuvre est le signe et le miroir.

DOSSIER

I. REPÈRES BIOGRAPHIQUES

LES ORIGINES

Le grand-père paternel de N. Sarraute faisait du commerce de bois à Smolensk ; son grand-père maternel était avocat à Kiev. Son père Ilya Tcherniak, et sa mère, Pauline Chatounovski, se rencontrent, en 1895, à Genève où ils étaient allés faire des études, au début du règne de Nicolas II, comme beaucoup d'étudiants juifs qui, à l'époque, se rendaient à l'étranger.

Le père, docteur ès sciences, fonde une fabrique de matières colorantes à Ivanovo-Voznessenc, centre industriel de textiles, et trouve un procédé pour fixer les colorants. Il est très riche entre 1896 et 1908.

DE NATACHA À NATHALIE

Le 18 juillet 1900, naissance de Nathalie Tcherniak à Ivanovo. Ses parents se séparent dès 1902. Nathalie arrive à Paris avec sa mère et le mari de sa mère — Kolia Boretzki —, historien russe de onze ans plus jeune. Ils habitent alors rue Flatters. Chez eux, on parle indifféremment russe et français, langue que la mère de Nathalie possède parfaitement et utilise volontiers ; Natacha va à l'école maternelle rue des Feuillantines.

Chaque année, l'enfant se rend un à deux mois chez son père, à Ivanovo, où se situent les souvenirs du neuvième chapitre d'*Enfance*, lors d'un séjour fait vers l'âge de trois ans (*E.*, p. 41-51). Elle passe aussi, chaque année, des vacances en Russie avec sa mère.

1906-1909 : Nathalie réside à Saint-Pétersbourg avec sa mère et Kolia, mais elle fait de brefs séjours à Paris et en Suisse avec son père, ce que racontent partiellement les deux premières séquences d'*Enfance* (*E.*, p. 10-18). Sa mère publie alors, sous le pseudonyme de Vichrowski, des romans de cape et d'épée, des contes et des nouvelles, en particulier dans *Richesse russe* (titre traduit en français), revue dirigée par Korolenko, écrivain russe d'origine ukrainienne (1853-1921), figure de proue de l'intelligentsia.

En 1907, son père quitte Ivanovo pour aller plaider la cause de son frère, l'oncle Iacha, condamné à mort comme révolutionnaire, en fuite en Suède et sur le point d'être extradé. Le père de Natacha est reçu par le roi de Suède ; il prend contact avec Jaurès. Il finit par être interdit de séjour en Russie et s'installe en France. L'oncle Iacha meurt asphyxié sur le bateau qui l'amenait à Anvers où ont lieu ses funérailles. L'épisode est évoqué dans la quarante-troisième séquence du récit (*E.*, p. 153-154). Il semble, quoi qu'on en ait dit, que cette mort soit réellement accidentelle.

En février 1909, Natacha, qui a huit ans, vient chez son père, remarié à Paris. Lili, sa demi-sœur, avec laquelle elle aura peu de rapports après l'enfance, naît en août 1909. Sa mère ne revient pas la chercher. Natacha ne la reverra que trois jours en 1911, au mois de juillet — c'est le récit de la scène à l'Hôtel Idéal (*E.*, p. 248-257) — et deux semaines en 1914, à la veille de la guerre (*E.*, p. 259-260). Nathalie vit donc à Paris avec son père qui a fondé une fabrique de matières colorantes, en mettant au point un procédé pour que les couleurs ne déteignent pas. C'est une fabrique plus petite qu'à Ivanovo. Ils habitent alors rue Marguerin, entre Alésia et la place Denfert. Ce quartier, où résidaient de nombreux émigrés russes, est aussi celui où vécut Lénine — rue d'Alésia — jusqu'en 1912. Le père de Natacha recevait alors Bourtzev Ivanov qui fut en effet condamné à la pendaison (*E.*, p. 196). La mère de Véra vient habiter chez eux lorsque Nathalie a entre dix et onze ans ; elle reste un an (*E.*, p. 226-233).

Natacha suit d'abord les cours des demoiselles Brébant (*E.*, p. 133-134). Puis elle va à l'école communale de la rue d'Alésia jusqu'au certificat d'études. C'est alors que son institutrice est Madame Bernard, juive elle-même. La mère de Nathalie Sarraute revient en 1919 habiter à Paris, où elle vit avec Kolia. Son père et Véra auront un fils quand Nathalie a dix-sept ans. Elle aura de bonnes relations avec ce demi-frère.

LA FORMATION INTELLECTUELLE

En 1920-1921, elle va faire des études à Oxford où elle commence par un peu de chimie (à l'instar de son père), puis prépare un BA d'histoire. Elle s'y plaît beaucoup, y fait aussi du sport (elle pratique l'aviron, devient même capitaine de l'équipe !) et souhaite y rester, mais son père s'y oppose.

En 1921-1922, elle se rend à Berlin, où elle est inscrite en philologie, mais elle fait aussi des études de sociologie à la faculté des lettres, et suit en particulier les cours du professeur Sombart ; prend-elle contact avec la phénoménologie ? Elle n'en a pas souvenir.

Elle entreprend des études de droit, dès 1922, et rencontre à la faculté Raymond Sarraute qu'elle épouse en 1925.

MADAME NATHALIE SARRAUTE ET L'ENTRÉE EN LITTÉRATURE

Devenue avocate, elle est inscrite au barreau pendant une douzaine d'années, s'occupant d'affaires correctionnelles et civiles jusqu'en 1932. Elle plaidera jusqu'en 1940.

En 1927, naissance de sa fille Claude.

En 1930, naissance d'Anne.

En 1933, naissance de sa fille Dominique.

Dès 1932, elle a composé deux textes de *Tropismes* (les séquences deux et neuf des éditions de Minuit).

En 1936, elle voyage en URSS, en Écosse, en Italie, en Grèce. Comme beaucoup d'intellectuels français de l'époque, elle est alors tentée d'adhérer au parti communiste mais, en 1936, elle se rend en URSS avec sa belle-mère ; l'atmosphère de terreur stalinienne les épouvante.

En 1937, *Tropismes* est présenté chez les éditeurs, et refusé par Gallimard et Grasset, accepté chez Denoël. Le texte paraît en 1939, salué, entre autres, par Max Jacob.

Pendant la guerre, elle se réfugie d'abord à Janvry, dans la vallée de Chevreuse ; puis, ayant été dénoncée comme juive, elle doit aller se cacher à Parmain, en Seine-et-Oise. Elle loge chez Madame Robert Dieudonné et, en 1943-1944, se dissimule sous le nom de Nicole Sauvage. Elle est alors en relations avec Sartre et Simone de Beauvoir. Elle travaille à l'écriture de *Portrait d'un inconnu* ; elle lit Faulkner et Kafka. Elle collabore en 1947 aux *Temps modernes* où paraissent des extraits de *Portrait d'un inconnu* et, plus tard, de *Martereau*. *Portrait d'un inconnu* est publié en 1948 aux éditions Robert Marin, après avoir été refusé partout.

En 1946, Nathalie Sarraute a écrit aussi un pamphlet contre Paul Valéry, *Paul Valéry et l'Enfant d'Éléphant*, paru d'abord, non sans quelques coupures, dans *Les Temps modernes* (1947).

En 1949, mort de son père. La même année, achat de la maison de campagne de Chérence.

En 1953, parution de *Martereau*, grâce au soutien de Marcel Arland, chez Gallimard qui, désormais, publiera toute son œuvre.

En 1956, mort de sa mère. Publication d'essais sous le titre *L'ère du soupçon*. C'est de là que date sa notoriété.

Réédition de *Tropismes* en 1957, aux éditions de Minuit.

L'ÉCRIVAIN CONSACRÉ

En 1959, *Le planétarium* connaît un grand succès. Tournée de conférences en Italie, Scandinavie, Allemagne, Brésil, Angleterre, URSS.

En 1963, *Les fruits d'or*, prix international de littérature.

En 1964, *Le silence*, pièce radiophonique pour la radio de Stuttgart.

En 1965, elle écrit et fait paraître dans *Preuves* un essai sur Flaubert : *Flaubert le précurseur* (repris chez Gallimard en 1986).

En 1967, la pièce *Le mensonge* est mise en scène par Jean-Louis Barrault pour l'inauguration du Petit Odéon.

En 1968, parution de *Entre la vie et la mort* : ce texte, qui est pourtant celui que préfère N. Sarraute, suscite peu d'échos.

En 1970, parution de la pièce *Isma ou Ce qui s'appelle rien*, suivie de *Le silence et le mensonge*, Gallimard, coll. Le manteau d'arlequin. Tournée de conférences au Japon, en Inde, en Iran.

En 1971, tournée en Pologne, au Canada, aux États-Unis, en Égypte, à l'université américaine du Caire.

En 1972, *Vous les entendez*.

En 1975, parution de la pièce *C'est beau* dans les *Cahiers Renaud-Barrault*, n° 89.

En 1978, parution du théâtre chez Gallimard : *Elle est là*, *C'est beau*, *Isma*, *Le mensonge*, *Le silence*.

En 1976, N. Sarraute est nommée docteur honoris causa de l'université de Dublin ; en 1980, elle se rend à Canterbury, à l'université du Kent.

En 1983, parution d'*Enfance*, tandis qu'on joue au Théâtre des Champs-Élysées *Pour un oui ou pour un non*.

En mars 1985, mort de Raymond Sarraute.

En 1988, parution de *Tu ne t'aimes pas*.

En 1991, N. Sarraute est docteur honoris causa de l'université d'Oxford.

En 1995, parution d'*Ici*.

II. LE PACTE

On voudrait montrer que le pacte autobiographique n'est pas ou pas seulement un problème de nom, celui de l'auteur étant le même que celui du héros dont est racontée la vie ou l'enfance, ce qui est vrai pour saint Augustin, Rousseau, J. Green ou N. Sarraute, mais faux pour Stendhal et Loti qui écrivent sous pseudonyme. En revanche, ils concluent un « pacte » avec leur destinataire, s'engageant à se confesser, à dire la vérité avec des exigences éthiques et parfois esthétiques.

▶ **Le pacte de saint Augustin se déploie en plusieurs étapes. L'enjeu est de se confesser pour s'attirer la miséricorde de Dieu qui est son premier destinataire :** Que si je ne puis, Seigneur, parler à votre justice, permettez au moins que je parle à votre miséricorde, bien que je ne sois que terre et cendre (**Confessions, trad. Arnaud d'Andilly, éd. par Philippe Sellier, Folio, 1993, p. 32**).

Il enchaîne avec une question existentielle et onto-logique : Je commencerai donc, Seigneur, en vous déclarant d'abord que j'ignore d'où je suis venu en ce monde, en cette vie misérable, à laquelle je ne sais si je dois donner le nom d'une vie mortelle ou plutôt d'une mort vivante ? [...] J'ai remarqué toutes ces choses dans les enfants dont j'ai observé les actions ; et ces enfants dans leur ignorance m'ont fait beaucoup mieux connaître ce qui s'est passé en moi lorsque j'étais aussi petit qu'eux, que ceux qui m'ont élevé ne me l'ont appris avec toute la connaissance qu'ils en avaient *(ibid.)*.

La question existentielle se précise ensuite : Mais encore qu'étais-je avant d'être conçu ? Avais-je quelque être, et étais-je quelque part ? *(ibid.)*.

Il se met en cause et met en doute l'innocence des enfants : Qui me pourra dire quels ont été les péchés de mon enfance ? Car votre Esprit-Saint nous a déclaré dans les Écritures, que nul n'est exempt de péché en votre présence, pas même l'enfant qui n'a vécu sur la terre que l'espace d'un jour [...]. Ainsi la faiblesse des corps est innocente dans les enfants ; mais l'esprit des enfants n'est pas innocent (*ibid.*, p. 38).

Saint Augustin bat donc en brèche les préjugés des adultes sur l'innocence des enfants.

▶ **Chez** *Rousseau,* **on retrouve la volonté de se confesser à Dieu et aux hommes, le sentiment de l'exemplarité, mais davantage d'autojustification :** Je veux montrer à mes semblables un homme dans toute la vérité de la nature ; et cet homme, ce sera moi [...]. Que la trompette du Jugement dernier sonne quand elle voudra ; je viendrai, ce livre à la main, me présenter devant le Souverain Juge. Je dirai hautement : « Ô Dieu [...] voilà ce que j'ai fait, ce que j'ai pensé, ce que je fus. J'ai dit le bien et le mal avec la même franchise. Je n'ai rien tu de mauvais, rien ajouté de bon, et s'il m'est arrivé d'employer quelque ornement indifférent, ce n'a jamais été que pour remplir un vide occasionné par mon défaut de mémoire. [...] Je me suis montré tel que je fus, méprisable et vil quand je l'ai été, généreux et sublime, quand je l'ai été ; j'ai dévoilé mon intérieur tel que tu l'as vu Toi-même. Être éternel, rassemble autour de moi la foule de mes semblables, qu'ils écoutent mes confessions, qu'ils gémissent de mes indignités, qu'ils rougissent de mes misères (*Les Confessions,* Gallimard, Bibliothèque de la Pléiade, *Œuvres complètes,* t. 1).

▶ **Stendhal est saisi à l'âge mûr du désir de faire le point sur lui-même :** Je vais avoir cinquante ans ; il serait bien temps de me connaître. Qu'ai-je été ? Que suis-je en vérité ? je serais bien embarrassé de le dire (*Vie de Henry Brulard,* Folio, 1973, p. 28).

L'interrogation est aussi existentielle puisqu'il veut s'évaluer. Usant tour à tour des mots de mémoire (*ibid.* p. 31) et de confessions (*ibid.*, p. 32), il reconnaît et le plaisir qu'il éprouve à les écrire, et le dessein de faire à fond son « examen de conscience ». **Le projet est donc à la fois *éthique et égotiste*. Il entend écrire** sans mentir, sans se faire illusion, avec plaisir, **mais ne méconnaît pas la difficulté d'éviter le mensonge** (mais combien de précautions ne faut-il pas pour ne pas mentir !).

▶ **Si, plus près de nous, on considère le pacte de Loti dans *Le roman d'un enfant* (1890), on voit reparaître un rapport à l'ontologie et au sacré, en dehors, il est vrai, de tout rapport à Dieu :** C'est avec une sorte de crainte que je touche à l'énigme de mes impressions du commencement de la vie — incertain si bien réellement je les éprouvais moi-même ou si plutôt elles n'étaient pas des ressouvenirs mystérieusement transmis... J'ai comme une hésitation religieuse à sonder cet abîme **(Garnier-Flammarion, 1988, p. 43).**

Le soupçon se glisse dans le dessein ; il n'y a plus de volonté d'exhaustivité, mais il s'agit déjà de privilégier des moments forts qui subsistent dans les profondeurs, recouvertes par l'épaisseur du temps. Le texte peut apparaître comme un recueil de souvenirs pieux, avec l'intention de fixer ce qui risquerait de sombrer dans l'oubli. Nous ne sommes pas loin d'une des dimensions de l'ambition sarrautienne. Le projet de Loti est plus esthétique qu'éthique, si l'on se réfère à la dédicace écrite pour la reine de Roumanie : autour de moi, déjà tombe une sorte de nuit ; où trouverai-je à présent des mots assez frais, des mots assez jeunes ? **(*ibid.*, p. 41).**

Mais la dimension éthique n'est tout de même pas absente : au moins essaierai-je d'y mettre ce qu'il y a eu de meilleur en moi, à une époque où il n'y avait rien de bien mauvais encore **(*ibid.*).**

❱ Avec Julien Green, exact contemporain de Nathalie Sarraute, qui, lui, a pris la plume dans une perspective clairement autobiographique au début des années soixante, on voit reparaître avec force les dimensions éthique et religieuse, conjuguées avec le projet esthétique de ne pas faire de raccords et de mettre à contribution la spontanéité : N'importe quoi... Écrire n'importe quoi est peut-être le meilleur moyen d'aborder les sujets qui comptent, d'aller au plus profond par le chemin le plus court. On dira tout uniment ce qui passe par la tête, au gré du souvenir (*Partir avant le jour,* Gallimard, Bibliothèque de la Pléiade, 1963, p. 649).

Le pacte n'est ici qu'indirectement religieux mais le dessein du texte apparaît plus nettement dans la lecture et l'interprétation qui sont faites des souvenirs où dominent les questions ontologiques : Tous les hommes ont connu cet instant singulier où l'on se sent brusquement séparé du reste par le fait qu'on est soi-même et non ce qui nous entoure » (*ibid.*, p. 658).

Plus loin, Green analyse les mystérieux rapports de l'enfant avec Dieu : Dieu parle avec une extrême douceur aux enfants et ce qu'il a à leur dire, il le dit souvent sans paroles. La création lui fournit le vocabulaire dont il a besoin, les feuilles, les nuages, l'eau qui coule, une tache de lumière. C'est le langage secret qui ne s'apprend pas dans les livres et que les enfants connaissent bien (*ibid.*, p. 674).

Le point commun entre tous ces projets autobiographiques est la dimension ontologique, éthique et souvent religieuse, comme si l'autobiographie était une *laïcisation de la confession.* Dans ces conditions, on mesure les réticences de Nathalie Sarraute à insérer son projet dans l'ordre de l'autobiographie.

III. LE PARATEXTE : REFUS DE L'AUTOBIOGRAPHIE

▶ **N. Sarraute précise pour Viviane Forrester :** Il ne s'agit pas d'une autobiographie. [...] Le souvenir, lorsqu'il n'est pas repris dans le travail, est tellement grossier. J'ai sélectionné, comme pour tous mes autres livres, des instants dont je pourrais retrouver les sensations. Cette fois, j'ai dit qu'il s'agissait de moi, non pas d'il ou elle. D'où une impression d'impudeur, parfois [...]. Il ne s'agit pas d'un rapport sur toute ma vie, pas même sur mon enfance (« Portrait de Nathalie », *Le Magazine littéraire*, n° 196, juin 1983, p. 19).

Puis, tout en rappelant qu'elle a voulu décrire la souffrance qui accompagne le sentiment du sacrilège, **elle précise ce qu'est à ses yeux le sacrilège :** le sacrilège, l'horreur, c'est la puissance d'une force subversive, inexorable, qui porte au constat, un regard sur le détail. C'est cette force qui véhicule et que véhiculent les mots, devenus aussitôt criminels. C'est cette pulsion qui va faire parler l'enfant d'abord, puis l'écrivain et aujourd'hui l'enfant elle-même à travers l'écrivain » (*ibid.*, **p. 20).**

▶ **N. Sarraute s'explique pour S. Fauchereau et Jean Ristat à propos des** tropismes, **tels qu'elle pense les avoir vécus dans son enfance et tels qu'elle les transcrit dans le récit qu'elle en fait. Elle revient, à leur demande, sur le terme de** tropismes **dont elle rappelle qu'il est à ses yeux** un pis-aller **et sur le fait, déjà évoqué par elle, dans le texte liminaire de** L'ère du soupçon, **qu'elle avait** ressenti ce type de relation dès l'enfance. **Elle ajoute :** je n'ai choisi dans *Enfance* que des souvenirs dans lesquels existaient ces mouvements (« **Conversation avec Nathalie Sarraute** », entretien avec Serge Fauchereau et Jean Ristat, *Digraphe*, avril 1984, p. 9-11.)

Serge Fauchereau l'amène alors à revenir sur l'image d'un film au ralenti qui ne correspond pas, selon lui, à ce que ressent le lecteur. Elle répond alors : je suis obligée, quand je travaille, de regarder comme on regarde un film au ralenti et de trouver des images qui pourraient évoquer les différentes phases du mouvement qui est en train de se développer. Dans la réalité, tout se passe en quelques secondes.

Se référant à la naissance de l'« idée », ressentie en face de la poupée plus belle que la mère, et de la réaction de celle-ci, elle poursuit : Tout s'est passé très vite, le temps de le dire. Je suis obligée d'ouvrir ce moment pour voir comment naît et se développe en moi ce malaise que cette réponse a provoqué. Je suis obligée de le décomposer, comme on décompose le mouvement d'un cheval dans un film au ralenti.

Elle met au jour le paradoxe qui consiste à revivre au ralenti ces phases de ces drames, mais avec la nécessité pour l'écriture de les faire ressentir au lecteur : Chacune d'elles [de ces phases] est évoquée par des phrases qui devraient être rapides, fluides, bouillonnantes, comme ces mouvements qui se succèdent très rapidement et même se produisent en nous en même temps.

▶ Interrogée par P. Boncenne sur *son projet d'écriture* dans *Enfance,* N. Sarraute exprime sa défiance à l'égard de l'écriture de soi : quand on veut parler de soi-même, de ses sentiments, de sa vie, c'est tellement simplifié qu'à peine cela dit, cela paraît faux [...] On finit donc par construire quelque chose qui est faux pour donner une image de soi. J'ai essayé de l'éviter. Avec *Enfance,* j'ai voulu tirer les images d'une sorte de ouate où elles étaient enfouies (**Interview,** *Lire,* n° 94, juin 1983, p. 91).

Examinant ce qu'elle a effectivement réalisé dans *Enfance,* N. Sarraute pense n'avoir pas cédé à ces étalages de soi-même auxquels elle a toujours répugné. Elle insiste sur la discontinuité qui lui permet d'échapper à l'écriture de l'histoire de sa vie : [Dans *Enfance*] oui, il y a des événements très personnels mais qui ne sont pas rattachés entre eux, qui sont espacés. Je n'ai pas essayé d'écrire l'histoire de ma vie parce qu'elle n'avait pas d'intérêt d'un point de vue littéraire et qu'un tel récit ne m'aurait pas permis de conserver un certain rythme dans la forme.

Dans le même entretien, elle ironise sur l'histoire de la mort du petit chien qu'on retrouve dans un grand nombre de souvenirs célèbres. Elle en parle comme d'un défi : vous vous rendez compte : décrire une telle scène ! Mais elle ajoute alors : je crois qu'il est possible d'éviter ces clichés et d'écrire des livres vrais sur l'enfance. Elle est revenue au passage sur *le statut du double* qui, dit-elle, m'a beaucoup servi pour remettre les choses en place.

Elle s'explique aussi sur le rapport des mots et de la pensée, s'insurgeant contre ceux qui pensent qu'il n'y a rien avant les mots : Moi, j'ai toujours dit qu'il y a des sensations très floues, inexprimées, qui sans les mots bien sûr ne sortiraient jamais, mais qui existent avant et poussent les mots [...] Le langage est un instrument rigide et très étouffant. Reprenant alors l'histoire de ce mot « malheur » dont la bonne l'avait affublée comme d'un « capuchon », elle conclut : Si je l'avais accepté, je serais devenue « l'être malheureux », un peu comme Sartre se projetait « enfant génial ». J'ai essayé de ne jamais accepter les mots et les définitions venus du dehors.

▶ Dans l'un de ses entretiens avec Simone Benmussa, N. Sarraute est invitée à légitimer son usage du masculin ou du neutre pour caractériser l'instance narrative ou l'enfant qu'elle était. C'est une occasion pour elle de faire le point sur le problème de la différenciation sexuelle :

S.B. – *Mais si nous sommes tous les mêmes, hommes et femmes, quelles que soient les cultures et tu parles très souvent du neutre pour exprimer ce*

Nathalie Sarraute, qui êtes-vous ? La Manufacture, Lyon, 1987, p. 139-140.

fond commun, qu'est-ce que le neutre pour toi ? D'ailleurs, dans Enfance, *ton double emploie l'adjectif « outrecuidant », tu l'entends comme un neutre alors que dans la langue française on peut l'entendre au masculin puisqu'il s'applique à une personne.*

N.S. – En effet. Dans la traduction russe c'était un problème parce qu'il n'y a pas de neutre. Il a fallu tout mettre au féminin. Tous les verbes doivent être accordés soit au masculin, soit au féminin. [...]

S.B. – *Parle-moi de cette zone neutre au fond de l'« Homme » au sens large.*

N.S. – Je ne pense pas du tout « androgénéité ». Je travaille à partir uniquement de ce que je ressens moi-même. Je ne me place pas à l'extérieur, je ne cherche pas à analyser du dehors. À l'intérieur, où je suis, le sexe n'existe pas. Je ne me dis jamais : ça c'est ressenti par moi, ou par une femme, ou par un homme. Je place souvent ce « ressenti » dans des consciences féminines ou masculines pour des raisons, quelquefois, simplement de variations du dialogue, sauf dans de rares cas où la femme *joue* un rôle de femme. Non. Quand je travaille, je ne pense pas en tant que femme. Cela ne m'a jamais effleurée. C'est une chose qui est absolument hors de mes considérations. Quand les femmes disent : « J'ai été empêchée d'écrire parce que je me disais que les femmes n'ont pas fait de choses intéressantes etc. », on a entendu des déclarations comme celle-là, eh bien, moi, ça me dépasse entièrement, parce que je n'existe pas, au sens propre du mot, au moment où je travaille. Je suis, à un tel point, dans ce que je fais que je n'existe pas. Je ne pense pas que c'est une femme qui écrit. Cette chose-là, ce que je travaille, est en train de se passer quelque part où le sexe féminin ou masculin n'intervient pas.

S.B. – *Ce sont des consciences qui parlent et pas des corps.*

Un peu plus loin, N. Sarraute s'explique sur ses rapports avec sa mère :

S.B. – *Tu ne parlais jamais de littérature avec ta mère ?*

Ibid., p. 158-159.

N.S. – Oh ! jamais ! Il n'en était même pas question.

S.B. – *Qui écrivait elle-même pourtant.*

N.S. – Oui, mais elle écrivait tout à fait autre chose. Nous étions allés Raymond et moi avec ma mère, ce devait être en 24, voir *Six personnages en quête d'auteur* au Studio des Champs-Élysées. Nous étions six ou sept dans la salle et, quinze jours après, le spectacle a eu un grand succès. Raymond et moi étions dans un état d'emballement total et ma mère détestait. Je m'étais disputée avec elle en sortant du théâtre. Elle avait trouvé ça nul. Elle détestait Tchekhov, elle disait que c'était un pleurnichard insupportable. Elle aimait les romans de cape et d'épée, les grands romans d'amour avec des assassinats. C'est fou ce qui se passait dans ses romans !

S.B. – *Moi, je trouve ça drôle !*

N.S. – Oui, des romans-fleuves qu'elle écrivait avec une facilité extrême.

S.B. – *Je croyais qu'elle n'avait écrit que des contes pour enfants !*

N.S. – Mais aussi des romans paysans dans lesquels il y avait toujours des intrigues compliquées, des adultères, des femmes d'une beauté incroyable, des assassins.

S.B. – *Elle a publié beaucoup ? Était-elle connue ?*

N.S. – Oui, elle a publié beaucoup ! elle vivait de ça. Elle était très protégée par Korolenko. Elle écrivait dans sa revue. Elle avait un style très vif... violent... sous le nom d'un homme. Elle n'a jamais voulu qu'on sache qu'elle était une femme. C'est son mari qui apportait les manuscrits chez l'éditeur et on n'a jamais découvert qui elle était. Elle était assez connue, je pense, ça m'est difficile à dire parce qu'entre huit et vingt ans, je ne l'ai pas revue. Mais elle était persuadée qu'elle était un grand génie.

S.B. – *Qu'est-ce qu'elle a dit de tes livres ?*

N.S. – Rien. Je crois qu'elle n'a pas pu les lire.

S.B. – *Mais elle a essayé.*

N.S. – Je lui avais donné *Portrait d'un inconnu* et, après sa mort, quand j'ai retrouvé le livre, les pages n'étaient pas découpées, seulement celles de la préface, elle n'était pas allée plus loin.

S.B. – *Et ensuite, tu ne sais pas si elle a lu tes autres livres ?*

N.S. – Non. Rien, jamais.

S.B. – *Comment Raymond la trouvait-il ?*

N.S. – Il la trouvait extrêmement jolie et très séduisante. À quatre-vingt-cinq ans elle était même plus jolie et plus fine qu'à soixante ans. Mais il trouvait qu'elle était narcissique et d'une froideur totale à mon égard.

S.B. – *Tu reconnaîtras qu'écrire sous un nom d'homme, des romans de cape et d'épée, dans la Russie de cette époque ! Elle ne manquait pas de tempérament, comme on dit !*

N.S. – Ah oui !... pour ça, elle n'en manquait pas !

IV. UNE ESTHÉTIQUE PROCLAMÉE

LE NOUVEAU STATUT DU « SUJET »

Dans *L'ère du soupçon*, N. Sarraute analyse les modalités de la disparition du personnage, et elle s'explique, en particulier, sur la disparition du nom propre dans ses « fictions ». Cela permet de mesurer la difficulté rencontrée pour ne pas constituer de personnages dans *Enfance* où elle ne pouvait éviter le nom propre, ni un certain nombre d'attributs du personnage.

Voilà pourquoi le personnage n'est plus aujourd'hui que l'ombre de lui-même. C'est à contrecœur que le romancier lui accorde tout ce qui peut le rendre trop facilement repérable : aspect physique, gestes, actions, sensations, sentiments courants, depuis longtemps étudiés et connus, qui contribuent à lui donner à si bon compte l'apparence de la vie et offrent une prise si commode au lecteur. Même le nom dont il lui faut, de toute nécessité, l'affubler, est pour le romancier une gêne. Gide évite pour ses personnages les noms patronymiques qui risquent de les planter d'emblée solidement dans un univers trop semblable à celui du lecteur, et préfère les prénoms peu usuels. Le héros de Kafka n'a pour tout nom qu'une initiale, celle de Kafka lui-même. Joyce désigne par H.C.E., initiales aux interprétations multiples, le héros protéiforme de *Finnegans Wake*.

E.S., p. 72.

LE PERSONNAGE ROMANESQUE

Les souvenirs que nous avons gardés des gens que nous avons connus n'ont pas plus d'intensité, plus de « vie », que ces petites images précises et

P.I., p. 70-71.

colorées qu'ont gravées dans notre esprit la botte, par exemple, la botte souple en cuir tartare, ornée de broderies d'argent, qui chaussait le pied du vieux prince, ou sa courte pelisse de velours bordée d'un col de zibeline et son bonnet, ou ses mains osseuses et dures qui serraient comme des pinces, ses petites mains sèches de vieillard, aux veines saillantes, et les scènes continuelles qu'il faisait, ses sorties, nous paraissent plus « réelles » souvent, plus « vraies », que toutes les scènes du même genre auxquelles nous avons nous-mêmes jamais assisté.

Ces personnages occupent dans ce vaste musée où nous conservons les gens que nous avons connus, aimés, et auquel nous faisons allusion, sans doute, quand nous parlons de notre « expérience de la vie », une place de choix.

Et, comme les gens que nous connaissons le mieux, ceux-mêmes qui nous entourent et parmi lequels nous vivons, ils nous apparaissent, chacun d'eux, comme un tout fini, parfait, bien clos de toutes parts, un bloc solide et dur, sans fissure, une boule lisse qui n'offre aucune prise. Leurs actions, qui les maintiennent en perpétuel mouvement, les modèlent, les isolent, les protègent, les tiennent debout, dressés, inexpugnables, semblables à la trombe d'eau que modèle, qu'aspire et dresse hors de l'océan, si fortement que même un boulet de canon ne peut parvenir à la briser, le souffle violent du vent.

Comme je voudrais leur voir aussi ces formes lisses et arrondies, ces contours purs et fermes, à ces lambeaux informes, ces ombres tremblantes, ces spectres, ces goules, ces larves qui me narguent et après lesquels je cours...

Comme il serait doux, comme il serait apaisant de les voir prendre place dans le cercle rassurant des visages familiers...

Je devrais essayer pour cela, je le sais bien, de me risquer un peu, de me lancer un peu, rien que sur un point seulement pour commencer, un point quelconque, sans importance. Comme par exemple de leur donner au moins un nom d'abord pour les identifier. Ce serait déjà un premier pas de fait pour les isoler, les arrondir un peu, leur donner un peu de consistance. Cela les poserait déjà un peu... Mais non, je ne peux pas. Il est inutile de tricher. Je sais que ce serait peine perdue... Chacun aurait tôt fait de découvrir, couverte par ce pavillon, ma marchandise. La mienne. La seule que je puisse offrir.

Ils ne sont pas pour moi, les ornements somptueux, les chaudes couleurs, les certitudes apaisantes, la fraîche douceur de la « vie ». Pas pour moi. Moi je ne sais, quand ils daignent parfois s'approcher de moi aussi, ces gens « vivants », ces personnages, que tourner autour d'eux.

LE RÉCIT À LA PREMIÈRE PERSONNE

Si, rassemblant son courage, il se décide à ne pas rendre à la marquise les soins que la tradition exige et à ne parler que de ce qui, aujourd'hui, l'intéresse, il s'aperçoit que le ton impersonnel, si heureusement adapté aux besoins du vieux roman, ne convient pas pour rendre compte des états complexes et ténus qu'il cherche à découvrir. Ces états, en effet, sont comme ces phénomènes de la physique moderne, si délicats et infimes qu'un rayon de lumière ne peut les éclairer sans qu'il les trouble et les déforme. Aussi, dès que le romancier essaie de les décrire sans révéler sa présence, il lui semble entendre le lecteur, pareil à cet enfant à qui sa mère lisait pour la première fois une histoire, l'arrêter en demandant : « Qui dit ça ? »

Le récit à la première personne satisfait la curiosité légitime du lecteur et apaise le scrupule non moins légitime de l'auteur. En outre, il possède

E.S., p. 68-69.

au moins une apparence d'expérience vécue, d'authenticité, qui tient le lecteur en respect et apaise sa méfiance.

Et puis, personne ne se laisse plus tout à fait égarer par ce procédé commode qui consiste pour le romancier à débiter parcimonieusement des parcelles de lui-même et à les vêtir de vraisemblance en les répartissant, forcément un peu au petit bonheur (car si elles sont prélevées sur une coupe pratiquée à une certaine profondeur, elles se retrouvent, identiques, chez tous) entre des personnages d'où, à son tour, le lecteur, par un travail de décortication, les dégage pour les replacer, comme au jeu de loto, dans les cases correspondantes qu'il retrouve en lui-même.

Aujourd'hui chacun se doute bien, sans qu'on ait besoin de le lui dire, que « la Bovary — c'est moi ». Et puisque ce qui maintenant importe c'est, bien plutôt que d'allonger indéfiniment la liste des types littéraires, de montrer la coexistence de sentiments contradictoires et de rendre, dans la mesure du possible, la richesse et la complexité de la vie psychologique, l'écrivain, en toute honnêteté, parle de soi.

ÉCRITURE ET PEINTURE

Alors le lecteur est d'un coup à l'intérieur, à la place même où l'auteur se trouve, à une profondeur où rien ne subsiste de ces points de repère commodes à l'aide desquels il construit les personnages. Il est plongé et maintenu jusqu'au bout dans une matière anonyme comme le sang, dans un magma sans nom, sans contours. S'il parvient à se diriger, c'est grâce aux jalons que l'auteur a posés pour s'y reconnaître. Nulle réminiscence de son monde familier, nul souci conventionnel de cohésion ou de vraisemblance ne détourne son attention ni ne freine

Ibid., p. 74-75.

son effort. Les seules limites auxquelles, comme l'auteur, il se heurte, sont celles qui sont inhérentes à toute recherche de cet ordre ou qui sont propres à la vision de l'auteur.

Quant aux personnages secondaires, ils sont privés de toute existence autonome et ne sont que des excroissances, modalités, expériences ou rêves de ce « je », auquel l'auteur s'identifie, et qui, en même temps, n'étant pas romancier, n'a pas à se préoccuper de créer un univers où le lecteur se sente trop à l'aise, ni de donner aux personnages ces proportions et dimensions obligatoires qui leur confèrent leur si dangereuse « ressemblance ». Son œil d'obsédé, de maniaque ou de visionnaire s'en empare à son gré ou les abandonne, les étire dans une seule direction, les comprime, les grossit, les aplatit ou les pulvérise pour les forcer à lui livrer la réalité nouvelle qu'il s'efforce de découvrir.

De même le peintre moderne — et l'on pourrait dire que tous les tableaux, depuis l'impressionnisme, sont peints à la première personne — arrache l'objet à l'univers du spectateur et le déforme pour en dégager l'élément pictural.

Ainsi, par un mouvement analogue à celui de la peinture, le roman que seul l'attachement obstiné à des techniques périmées fait passer pour un art mineur, poursuit avec des moyens qui ne sont qu'à lui une voie qui ne peut être que la sienne.

DIALOGUES ROMANESQUES ET SOUS-CONVERSATION

Un jeu serré, subtil, féroce, se joue entre la conversation et la sous-conversation [...]

Ibid., p. 122-124

Il arrive que la conversation ordinaire paraisse l'emporter, qu'elle refoule trop loin la sous-conversation. Alors parfois, au moment où le lecteur croit pouvoir enfin se détendre, l'auteur sort tout à coup de son mutisme et intervient pour l'avertir brièvement et sans explication que tout ce qui vient d'être dit était faux.

Mais le lecteur n'est que rarement tenté de se départir de sa vigilance. Il sait qu'ici chaque mot compte. Les dictons, les citations, les métaphores, les expressions toutes faites ou pompeuses ou pédantes, les platitudes, les vulgarités, les maniérismes, les coq-à-l'âne qui parsèment habilement ces dialogues ne sont pas, comme dans les romans ordinaires, des signes distinctifs que l'auteur épingle sur les caractères des personnages pour les rendre mieux reconnaissables, plus familiers et plus « vivants » : ils sont ici, on le sent, ce qu'ils sont dans la réalité : la résultante de mouvements montés des profondeurs, nombreux, emmêlés, que celui qui les perçoit au-dehors embrasse en un éclair et qu'il n'a ni le temps ni le moyen de séparer et de nommer.

Sans doute cette méthode se contente-t-elle de faire soupçonner à chaque instant au lecteur l'existence, la complexité et la variété des mouvements intérieurs. Elles ne les lui fait pas connaître comme pourraient y parvenir les techniques qui plongeraient le lecteur dans leur flot et le feraient naviguer parmi leurs courants. Elle a du moins sur ces techniques cette supériorité, d'avoir pu atteindre d'emblée la perfection. Et par là elle a réussi à porter au dialogue traditionnel le plus rude coup qu'il ait subi jusqu'ici.

V. N. SARRAUTE ET TOLSTOÏ

N. Sarraute est souvent revenue sur son rapport à Tolstoï, pour dire son admiration mais aussi insister sur ce qui différencie son esthétique et sa pratique « romanesque » de celle du grand écrivain russe. À plusieurs reprises — dans son entretien avec Serge Fauchereau et Jean Ristat, comme dans l'un de ceux qu'elle a eus avec S. Benmussa —, elle met l'accent sur la solidarité de la forme et du monde décrits, de sorte qu'on ne pourrait peindre, selon elle, la condition des ouvriers soviétiques avec une forme tolstoïenne, ni non plus faire une peinture réaliste de la société actuelle avec les instruments d'un aristocrate russe au XIXe siècle.

Aussi peut-on confronter quelques scènes d'*Enfance* de Tolstoï avec son récit d'enfance à elle.

Dans le premier chapitre du récit de Tolstoï, on trouve comme dans l'ouvrage de N. Sarraute, des mots d'allemand prononcés par un précepteur, et non une gouvernante. Là s'arrête le rapprochement : le récit de Tolstoï est manifestement romanesque, romancé et d'un lyrisme très dramatisé. Celui de N. Sarraute, discontinu, est presque tranchant, il ne s'attache qu'à élucider la naissance de la transgression par une scène réduite à une épure (*E.*, p. 10-13).

— *Auf, Kinder, auf !... s'ist Zeit. Die Mutter ist schon im Saal !* cria-t-il d'une bonne voix germanique, puis il vint vers moi, s'assit à mes pieds et sortit sa tabatière de sa poche. Je fis semblant de dormir. Karl Ivanovitch aspira d'abord une prise, s'essuya le nez, fit claquer ses doigts et alors seulement s'occupa de moi. Avec un petit rire, il se mit à me chatouiller les talons.

— *Nun, nun, Faulenzer !* disait-il.

Tout chatouilleux que je fusse, je me gardai de sauter à bas de mon lit et de lui répondre ; j'enfouis

Tolstoï, *Enfance* (1852-1854), trad. Sylvie Luneau, Michel Aucouturier, Pierre Pascal, Gallimard, Bibliothèque de la Pléiade, t. III, 1961, p. 51.

seulement davantage ma tête sous mes oreillers, agitai les jambes le plus violemment que je pus en faisant tous mes efforts pour m'empêcher de rire.

— Comme il est bon et comme il nous aime, dire que j'ai pu penser tant de mal de lui !

J'éprouvais du ressentiment et contre lui et contre moi, j'avais tout à la fois envie de rire et de pleurer : mes nerfs étaient irrités.

— *Ach, lassen Sie, Karl Ivanovitch !* m'écriai-je, les larmes aux yeux, en sortant ma tête de sous mes oreillers.

Karl Ivanovitch, surpris, abandonna mes plantes de pied et m'interrogea avec inquiétude ; qu'avais-je ? n'avais-je pas fait un mauvais rêve ?... Son bon visage germanique, l'intérêt avec lequel il essayait de deviner la cause de mes larmes firent couler celles-ci plus abondantes encore : j'éprouvais des remords et ne comprenais pas comment une minute plus tôt j'avais pu détester Karl Ivanovitch et trouver répugnants sa robe de chambre et son bonnet à gland ; maintenant, au contraire, tout cela me semblait tout à fait charmant et le gland lui-même m'apparaissait comme une preuve évidente de sa bonté. Je lui dis que je pleurais parce que j'avais fait un cauchemar, j'avais rêvé que *maman* était morte et qu'on l'emportait pour l'enterrer. Tout cela était inventé car je ne me souvenais absolument pas d'avoir rêvé cette nuit-là ; lorsque Karl Ivanovitch, touché par mon récit, se mit à me consoler et à me tranquilliser, je crus avoir réellement fait ce rêve effrayant et mes larmes coulèrent cette fois pour une autre raison.

La mise en récit de la figure maternelle, chez Tolstoï, est là encore manifestement romanesque ; c'est un tableau de genre ; la mère se détache au centre d'une scène intimiste, recomposée à travers les larmes de l'imagination, **comme le souligne le narrateur lui-même.**

Ibid., p. 20-21.

Ma mère était assise dans le salon et versait le thé ; d'une main elle tenait la théière, de l'autre le robinet du samovar d'où l'eau coulait, débordant de la théière sur le plateau. Mais, quoiqu'elle regardât avec attention, elle ne s'en apercevait pas ; elle n'avait pas remarqué non plus notre arrivée.

Tant de souvenirs du passé surgissent lorsqu'on essaye de ressusciter en imagination les traits d'un être aimé qu'on voit ceux-ci confusément à travers ces souvenirs comme à travers des larmes. Ce sont... les larmes de l'imagination. Lorsque je m'efforce de me rappeler ma mère telle qu'elle était à cette époque, je vois seulement ses yeux marron, qui exprimaient toujours la même bonté et le même amour, un grain de beauté qu'elle avait sur le cou, un peu plus bas que l'endroit où bouclaient de petits cheveux, son étroit col blanc orné de broderies, sa main sèche et tendre qui me caressait si souvent, que si souvent je baisais ; mais l'expression d'ensemble m'échappe.

À gauche du divan, il y avait un vieux piano anglais ; devant le piano était assise ma sœur Lioubov à la peau brune ; de ses doigts roses qu'on venait de laver à l'eau froide, elle jouait avec une application visible des études de Clementi. Elle avait onze ans ; elle portait une courte robe de toile, des pantalons blancs bordés de dentelle et ne pouvait prendre l'octave qu'*arpeggio*. À ses côtés, à moitié tournée vers elle, était assise Marie Ivanovna, coiffée d'un bonnet à rubans roses et vêtue d'un caraco bleu ciel ; son visage rouge et courroucé prit une expression encore plus revêche au moment où Karl Ivanovitch entra. Elle lui jeta un regard menaçant et, sans répondre à son salut, continua à compter, en frappant le sol du pied : *un, deux, trois, un, deux, trois* d'une voix encore plus forte et plus impérieuse.

Karl Ivanovitch, sans lui accorder, selon son habitude, la moindre attention, alla aussitôt baiser la main de ma mère avec les compliments d'usage en

Allemagne. Ma mère se ressaisit, secoua sa tête fine, comme si elle désirait par ce mouvement chasser des pensées mélancoliques, tendit sa main à Karl Ivanovitch et posa ses lèvres sur la tempe ridée de celui-ci tandis qu'il lui baisait la main.

— *Ich danke, lieber* Karl Ivanovitch, et, toujours en allemand, elle lui demanda :

— Les enfants ont-ils bien dormi ?

Le passage suivant offre une présentation lyrique et romanesque de Gricha, domestique très « tolstoïen » par sa piété ; à comparer avec l'esquisse rapide qui montre le domestique chez l'oncle Gricha (*E.*, p. 33).

La lune presque pleine donnait dans les fenêtres tournées vers la forêt. D'un côté, la longue silhouette blanche du fou de Dieu était éclairée par les rayons blafards et argentés de la lune, de l'autre c'était une ombre noire ; avec les ombres des croisées, elle se projetait sur le plancher et les murs et atteignait le plafond. Dehors, le veilleur frappait sur une plaque de fonte.

Ibid., p. 35.

Ses énormes mains croisées sur sa poitrine, la tête penchée et poussant à chaque instant de profonds soupirs, Gricha restait planté sans mot dire devant les images ; puis il s'agenouilla avec difficulté et commença ses oraisons.

Au début, il récita à voix basse les prières familières, en mettant seulement l'accent sur certains mots, puis il les répéta, mais plus fort et avec plus d'expression. Il commença à employer ses propres mots, en s'efforçant avec une peine visible de s'exprimer en slavon. Ses paroles étaient gauches mais touchantes. Il pria pour tous ses bienfaiteurs (il nommait ainsi ceux qui l'accueillaient), dans le nombre, ma mère et nous ; il pria pour lui-même, en demandant à Dieu de lui pardonner ses graves péchés et il répétait : « Dieu ! Pardonne à mes ennemis ! » Il se releva en geignant, puis, répétant inlassablement les mêmes mots, il se prosterna jusqu'à terre et se releva encore, malgré le poids de ses chaînes qui heurtaient le sol avec un bruit âpre et sec. [...]

Depuis lors, il a coulé de l'eau sous les ponts, un grand nombre de souvenirs du passé ont perdu pour moi leur importance et se sont changés en rêves imprécis ; le pèlerin Gricha lui-même a atteint depuis longtemps le terme de son dernier voyage, mais l'impression qu'il me fit, le sentiment qu'il suscita en moi ne disparaîtront jamais de ma mémoire.

On comparera ce texte lyrique et nostalgique extrait du récit tolstoïen avec la chute dans le sommeil, rue Flatters, dans *Enfance* (p. 19).

Heureux, heureux temps, temps à jamais écoulé de l'enfance ! Comment ne pas aimer, ne pas chérir les souvenirs qui vous en restent ? Ces souvenirs-là rafraîchissent, élèvent mon âme et sont pour moi la source des jouissances les plus pures.

Ibid., p. 61.

Après avoir couru tout mon soûl, je m'asseyais parfois à côté de la table à thé sur ma haute chaise d'enfant ; il est déjà tard, j'ai bu depuis longtemps ma tasse de lait sucré, le sommeil me ferme les yeux, mais je ne bouge pas ; je reste là, à écouter. Comment ne pas écouter ? Maman parle avec quelqu'un et les inflexions de sa voix sont si douces, si aimables. Ces inflexions seules parlent tellement à mon cœur ! Les yeux alourdis de somnolence, je fixe son visage : soudain elle devient toute petite, sa figure n'est pas plus grande qu'un bouton ; mais pourtant je la distingue toujours aussi nettement ; je la vois jeter un coup d'œil vers moi, sourire. Cela me plaît de la voir si minuscule. Je cligne des yeux encore plus, la voilà aussi petite que ces petits garçons qu'on voit au fond des prunelles ; mais j'ai bougé, l'enchantement a disparu ; je rétrécis mes yeux, je me tortille, j'essaye de toutes manières de le ressusciter, mais en vain.

Je me lève, grimpe dans un fauteuil, et m'y allonge confortablement.

— Tu vas encore t'endormir, mon petit Nicolas ! me dit maman. Tu ferais mieux de monter.

— Je n'ai pas sommeil, maman, dis-je, et des songes confus mais séduisants envahissent mon imagination ; le sommeil salubre des enfants me clôt les paupières et, une minute plus tard, je perds conscience et dors jusqu'à ce qu'on me réveille. Je sens certains jours à travers mon sommeil une main tendre m'effleurer ; à son seul attouchement, je la reconnais ; encore endormi, je saisis cette main instinctivement et la presse avec force contre mes lèvres.

VI. LA VISION DE L'ENFANCE

N. Sarraute refuse de faire de l'enfance un continent **à part. Pour elle, les enfants sont des** consciences **comme les adultes :**

S. B. — *C'est la même conscience qui se parle.*
N. S. — Cela tient à quelque chose qui est très profond chez moi : un manque du sentiment de la différence entre les êtres. Dans *Elle est là*, par exemple, quand il dit : « Même si l'idée est dans la tête d'un enfant ». Eh bien, c'est comme ça pour moi ! Si un enfant de sept ans a cette idée-là dans la tête, cela me met dans le même état que si elle est dans la tête d'un philosophe de soixante-dix ans. Elle habite quelque part, peu importe où, ça m'est égal. Quand je lutte contre cette idée, contre cet enfant de sept ans, j'oublie que c'est un enfant. Cela ne me vient pas à l'esprit de penser : « Mais qu'est-ce que c'est ? Rien, c'est un enfant, il ne comprend rien ! ou c'est un adolescent ! » L'idée est là, en lui. Elle peut se trouver chez mon père ou chez n'importe qui. Elle est là, prise en elle-même. Il m'arrive de discuter, et cela fait rire les gens qui s'étonnent : « Mais pourquoi discutez-vous avec lui ? Vous voyez bien qu'il ne comprend pas », à un tel degré que j'oublie la personnalité de l'autre et la mienne, totalement. On est là à lutter, j'essaye d'extirper ça de là où c'est. Et ça peut se trouver chez la femme de ménage, chez le type d'à côté, n'importe où. »

Nathalie Sarraute, qui êtes-vous ? op. cit., p. 123.

Voici des extraits de romans ou de pièces de N. Sarraute où s'inscrivent des images proches de celles d'*Enfance* ou du moins comparables, avec des variations significatives.

La prétendue innocence des enfants : les enfants bouffons :

Innocent en apparence seulement, sans doute. Car P. I., p. 60-61. ils ne sont jamais entièrement innocents, ceux-là, au-dessus de tout soupçon : quelque chose d'insaisissable sort d'eux, un mince fil ténu, collant, de petites ventouses délicates comme celles qui se tendent, frémissantes, au bout des poils qui tapissent certaines plantes carnivores, ou bien un suc poisseux comme la soie que sécrète la chenille ; quelque chose d'indéfinissable, de mystérieux, qui s'accroche au visage de l'autre et le tire ou qui se répand sur lui comme un enduit gluant sous lequel il se pétrifie.

Quelques-uns de ces malheureux, sentant peut-être vaguement suinter d'eux-mêmes quelque chose, prennent à leur tour un visage serré, fermé, toutes les issues bouchées, comme pour empêcher que ces effluves mystérieux ne se dégagent ; ou peut-être est-ce cet esprit d'imitation, sous l'effet de la suggestion — ils sont si influençables aussi, si sensibles — qu'ils prennent à leur tour devant le masque ce visage figé et mort. D'autres, tirés malgré eux, s'agitent comme des pantins, se contorsionnent nerveusement, font des grimaces. D'autres encore, pour amadouer le masque, pour rendre la vie à ses traits pétrifiés, jouent les bouffons, s'efforcent bassement de faire rire à leurs dépens. D'autres, plus bassement encore, — ils sont plus âgés, ceux-là, généralement, et plus pervers, — viennent, attirés irrésistiblement, se frotter comme le chien contre le mollet de son maître, quémandent une tape qui les rassure, une caresse, frétillent, se vautrent le ventre en l'air : ils bavardent intarissablement, s'ouvrent le plus possible, se confient, racontent en rougissant, d'une voix mal assurée devant le masque immobile, leurs plus intimes secrets.

La comédie des enfants :

Les enfants, eux, n'éveillent d'ordinaire aucun soupçon. Ils sont, c'est évident, de vrais enfants. Ou en
tout cas, s'ils ne le sont pas, ils possèdent de tels
dons, ils ont acquis dès leur plus jeune âge une si
admirable technique qu'on peut les observer à longueur de journée sans penser un seul instant qu'ils
ne « sont » pas, mais qu'ils « font ».

Pourtant certains d'entre eux, plus désavanta-
gés, plus fragiles, poussés sans doute par un excès
de zèle maladroit, par un besoin malsain de perfectionnisme, forcent leur ligne... plus enfants que
nature. Trop beaux pour être vrais... D'autres s'éga-
rent, se trompent d'âge... s'obstinent à rester des
bébés... ou au contraire se vieillissent, s'emparent
de mots qu'ils ne connaissent pas... Ils sont alors
repris et affublés comme ils le méritent de noms tels
que : petit singe, petit perroquet.

Parfois aussi on dirait que malgré eux de leurs yeux
innocents d'enfants, de la courbe candide de leur
joue, de leur lèvre à laquelle la tétine semble avoir
laissé sa forme... quelque chose sourd... c'est à ne
pas croire... venant de là... et pourtant, c'est bien ce
qu'il faut appeler une compréhension chargée d'une
antique expérience, une amertume désabusée, du
cynisme... Mais qu'as-tu ? Qu'est-ce qui te prend ? En
voilà des idées... Où as-tu été chercher ça ? Voyez où
il est allé fourrer son nez... dans le stock réservé aux
gens âgés... Veux-tu bien lâcher ça, petit galopin, ce
n'est pas pour toi.

Un certain nombre de scènes d'Enfance** se trouvaient
déjà, sous des formes impersonnelles et avec des variations, dans l'œuvre de fiction. Voici quelques-unes de ces
scènes, qui tendent à faire relire** Enfance **comme une
matrice de l'œuvre.**

**L'apprentissage des jours de la semaine et la question,
métaphysique du temps. Reprise poétique de la scène
d'**Enfance** (p. 43-44) dans** Ici **(p. 78-79) :**

Il semble bien que c'est ce jour-là que pour la première fois c'est apparu... pas tout, juste un petit bout
à peine entrevu... c'était quand on avait joué à ce
nouveau jeu si amusant... il fallait faire défiler en bon
ordre sans se tromper lundi, mardi, mercredi, jeudi,
vendredi, samedi, dimanche... et puis recommen-
cer lundi, mardi... *I.*, p.78-79.

Ils viennent tout seuls maintenant, ils se suivent de
plus en plus vite... lundi, mardi, mercredi... « Ce n'est
plus la peine de continuer... — Oui, mais après ?
qu'est-ce qui vient ? de nouveau lundi, mardi ?... et
après ? de nouveau, lundi, mardi, mercredi, jeudi... et
puis encore lundi ? mais jusqu'à quand ?... — Toujours. »

Toujours ?... Il n'y a pas moyen, même en se tendant de toutes ses forces, de saisir ce que ce mot
veut dire, mais il y a tant de choses qu'un enfant ne
peut pas comprendre... il faudra attendre, encore
pour ça, de devenir grand...

Mais en attendant, comme il est drôle, ce mot...
c'est amusant de le prononcer, de le répéter... toujours... en avançant les lèvres, en les arrondissant
en cul de poule, comme pour souffler... tou-jours...

Toujours... comme les doux mots caressants des
berceuses qui apaisent, rassurent... tou-jours... toujours...

**Le jardin du Luxembourg, théâtre d'une panique, expé-
rience fondatrice négative. À confronter avec *Enfance*
(p. 66-67) :**

Aussitôt la porte refermée, dès qu'elle est seule
dans l'escalier silencieux, les barrages se rom-
pent... Cela monte en elle, se répand... Elle sait
ce que c'est, c'est la vieille sensation d'autrefois, sa peur à elle, toujours la même, cette terreur jamais effacée, qui revient, elle la reconnaît.. *Pl.*, p. 55-56.

Elle avance en sautillant dans l'allée du petit Luxembourg, tenant sa mère par la main. Les grandes fleurs roses des marronniers se tiennent toutes droites dans le feuillage tendre, l'herbe humide étincelle au soleil, l'air tremble légèrement, mais c'est le bonheur, c'est le printemps qui tremble au-dessus des pelouses, entre les arbres... elle hume avec délices sur son bras nu sa propre odeur, celle pour toujours de ce printemps, de ce bonheur, l'odeur fraîche et fade de sa peau d'enfant, de la manche de sa robe en coton neuf... Et tout à coup un cri, un cri inhumain, strident... Sa mère a crié, sa mère la tire en arrière brutalement en détournant la tête, en se bouchant le nez...

La lumière s'est obscurcie, le soleil brille d'un éclat sombre, tout vacille de terreur, et un véhicule étrange, une haute et mince charrette de cauchemar, remplie d'une poudre livide, répandant une atroce odeur, cahote lentement vers elles dans l'allée...

Elle a envie maintenant, comme cette fois-là, de se cacher la tête pour ne pas voir, de se boucher le nez, le cœur va lui manquer, elle voudrait s'asseoir n'importe où, là, sur une marche de l'escalier... ou non, plutôt là-bas, dehors, sur un banc... Tout vacille... Tout va s'effondrer.

Le pan de mur d'un blanc bleuté **n'est pas sans évoquer le pan de mur rose au jardin du Luxembourg (***E.***, p. 67) :**

Plus rien ne presse... il est permis de s'attarder ici, de savourer en toute tranquillité... La petite place ensoleillée où tout ce qui peut exister de plus intense, de plus vivant avait été capté, retenu, les fouilles acharnées de chercheurs avides, impatients l'avaient un moment dévastée, mais la voici maintenant redevenue ce qu'elle avait toujours été... Pas tout à fait pourtant... elle est à tout jamais invio-

I., p. 19.

lable, préservée... la bienveillance du Ciel descend sur elle... ruisselle du petit mur d'un blanc bleuté, des reflets satinés des pavés, de l'herbe entre eux d'un vert qui ne ressemble à aucun autre, et de lui, de la courbe de son tronc, des touffes vaporeuses de ses fleurs roses... Et voici venu le moment où ces mots font irruption... « Comment il s'appelle déjà, cet arbre ? » Une intrusion sans danger, vite repoussée... la légère excitation d'une menace qui sera tout de suite écartée : « C'est un tamaris. »

Il ne s'agit plus ici d'une scène de fiction mais d'une médi-tation sur le mot bonheur qui éclaire la raison pour laquelle, dans le poème en prose de l'extase au Luxem-bourg, N. Sarraute récuse le mot bonheur. On peut saisir, à travers ce fragment d'un essai intitulé « Le bonheur de l'homme », le lien qui s'instaure, dans l'art de N. Sarraute, entre l'esthétique et l'éthique.

On dirait que ce mot de bonheur est un mot ensor-celé. Si nous poussons l'aveulement et le confor-misme jusqu'à affirmer en toute bonne foi que nous possédons le bonheur, jusqu'à chercher à l'exhiber fièrement aux yeux d'autrui, nous voyons les âmes délicates se détourner avec gêne devant l'indécence d'un tel étalage — au milieu de toutes les souffrances et les misères qui nous entourent — devant une telle preuve d'égoïsme et d'insensibilité. Et si nous sommes de mauvaise foi, si cette affirma-tion est de notre part une tromperie délibérée, elle ne peut signifier que le désir de nous valoriser à bon compte, de prendre sur les autres une supériorité facile et trompeuse, de manquer à toutes les règles de la pudeur, de nous laisser aller à un exhibition-nisme destiné à faire naître la nostalgie et l'envie. Toutes tentatives qui révèlent chez leurs auteurs moins la présence du bonheur que le sentiment douloureux de son absence et le besoin de le masquer.

In *Digraphe*, n° 32, mars 1984.

Mais si nous parvenions à oublier jusqu'à ce mot dangereux de bonheur, à ne pas nous laisser prendre aux apparences, nous pourrions peut-être, au prix d'un effort souvent douloureux, atteindre quelque chose au fond de nous-mêmes qui est comme la source vive de notre expérience, et entrer en contact avec une réalité profonde, encore intacte, qui ne porte aucune étiquette et ne se laisse enfermer dans aucun moule. Ce contact nous donne la force de résister aux contraintes toujours renouvelées et accrues qu'impose la civilisation et sa course au « bonheur », et, du même coup, il nous permet de tirer parti sans dommage des possibilités que le progrès nous offre, en nous délivrant de certains maux et de certains avilissements, en ouvrant des domaines toujours plus lointains et plus vastes à nos accomplissements, à nos investigations, au bienfaisant oubli de soi.

Ainsi débarrassés de la hantise de cette image illusoire et débilitante du bonheur, pourrions-nous arriver à travers les souffrances assumées et les sacrifices, les tristesses et les joies, à vivre une vie digne de ce nom.

L'expérience du sacrilège et de la désacralisation de la mère par Gisèle, dans *Le planétarium*, est à comparer avec le sentiment du sacrilège et la désacralisation de la mère dans *Enfance* (p. 94-103).

Personne n'y échappait. Pas même les parents. Elle avait eu peur — c'était cette même peur, cette même sensation que maintenant, d'arrachement, de chute dans le vide — quand, blottie contre lui, elle avait vu sa mère, jusque-là comme elle-même incernable, infinie, projetée brusquement à distance, se pétrifier tout à coup en une forme inconnue aux contours très précis... elle avait eu envie de fermer les yeux, elle s'était serrée contre lui... « Oh non, Alain, là ce n'est pas ça, là je ne suis pas

Pl., p. 59-60.

sûre... » Mais il l'avait forcée à regarder, il avait ri :
« Que tu es enfant... mais ça crève les yeux, voyons,
rends-toi compte... C'est si simple, je ne comprends
pas ce qui t'étonne, c'est pourtant clair. Ta mère est
surtout une autoritaire. Elle t'aime, c'est entendu, je
ne dis pas non, elle cherche toujours ton bien. Mais
il faut que tu marches droit, dans le chemin qu'elle
t'a tracé. Elle a été frustrée probablement. Elle n'a
pas réalisé dans sa vie ce qu'elle aurait voulu. Elle
veut se rattraper sur toi. Moi, comme gendre, je lui
conviens au fond très bien. Elle aurait du fil à
retordre avec un autre que moi, plus vieux, plus
indépendant.... Moi je me laisse faire, du moins elle
le croit. Juste quelques rebuffades, par-ci par-là,
pour lui faire peur, pour m'amuser... Mais je suis ce
qu'il lui faut, avec moi elle peut s'imaginer qu'elle
peut faire comme avec toi, qu'elle peut continuer à
m'éduquer... » Elle avait reculé. Sacrilège... Mais
non, ils avaient le droit : tu quitteras tes père et
mère. Cette force que cela lui a donnée ; ce soula-
gement qu'elle a éprouvé à voir enfin avec netteté, à
regarder calmement ce qu'elle avait senti si longtemps s'agiter dans l'obscurité, confus, inquiétant,
ce qu'elle avait essayé vainement de fuir, ce contre
quoi elle s'était débattue avec la maladresse, la faiblesse coléreuse d'un enfant...

**Le cauchemar suscité par la peinture de Böcklin apparaît
aussi dans *Entre la vie et la mort* (*cf. E.*, p. 89).**

il erre... errent haut, non, pas ça, c'est fini, arrêtez...   *E. V.*, p. 24.
les formes blanches avancent entre les croix et les
cyprès... cachez-le, couvrez ce tableau, là, sur le
mur... je ne peux pas m'empêcher de le regarder...
réveille-toi, c'est un cauchemar, quel enfant nerveux
tu fais... regarde... La plaine blanche s'étend sans
fin avec des bosquets de bouleaux, des sapins couverts de neige... des bras de fantômes se tendent...
où sommes-nous emportés ? je veux revenir, arrê-

tez... mais ne crie pas comme ça, tu es fatigué, ça ne m'étonne pas, le voyage est si long, ferme les yeux, ça te reposera... la procession de moines la tête couverte de cagoules blanches s'avance lentement... héros couché sur le dos dans le cercueil couvert du drap mortuaire, entouré de cierges... Hérault... tu ne sais pas tes sous-préfectures... erre haut... mais tu marmonnes de nouveau, ça te reprend...

Ce texte d'*Entre la vie et la mort* est à comparer avec le passage d'*Enfance* (p. 107) où Natacha joue avec les mêmes mots en français et en russe, avec celui où elle écrit son roman « russe » avec des mots empruntés (p. 87-88) et enfin avec celui où elle soupèse les mots pour sa rédaction (p. 211).

Des mots... Il se répète des mots. Il joue avec des mots... et pourtant on ne lui dit jamais rien pour le pousser, on évite de l'encourager, ces choses-là doivent venir naturellement, et les enfants sont si malins, ils sentent si bien l'admiration des adultes, ils sont si comédiens... Je savais qu'il a beaucoup d'imagination, ses devoirs de français sont déjà si bien tournés, mais vous avez raison.... tous les enfants... je savais que ça ne signifiait rien. Je voyais ses lèvres remuer, il se parle à lui-même pendant des heures... je pensais qu'il se racontait des histoires... je sais, c'est ce que font tous les enfants... bien sûr, il est particulièrement sensible... il était encore tout petit quand il fermait les yeux pour renifler la mousse, l'herbe fauchée, il avait l'air extasié... il aimait passer sa main sur l'écorce des arbres, il ramassait des feuilles d'automne et il les assemblait et restait là sans bouger, à les contempler... mais ça... je sais ce que vous me direz... seulement vous avouerez... vous savez bien que les mots... les mots tout seuls, pour eux-mêmes, avec leur aspect, leur poids, leurs chatoiements, leurs

Ibid., p. 63.

résonances... il passe des heures à les tourner et les retourner... il faut voir par moments son air presque hébété... — Oui, les têtes avec componction s'inclinent, il faut dire que ce penchant juste pour les mots... il y a là probablement, en effet, un signe... »

Toujours sur le même thème du jeu avec les mots, voici une autre version de la « première rédaction » : comparer avec _Enfance_ (p. 207-214) :

Mais attention. Les voici. Une face plate et lisse se tend par l'entrebâillement de la porte : Vous écrivez ? Vous savez, j'ai toujours pensé que vous étiez extrêmement doué. Déjà autrefois, quand je corrigeais vos devoirs de classe... Vous vous rappelez votre devoir intitulé : « Mon premier chagrin » ? Sur la mort de votre petite chienne écrasée par un train ? — Oui Madame, j'en étais si fier. — Il y avait là des dons poétiques certains. Chez un enfant un étonnant sens de la langue. — Merci Madame. Croyez-moi, c'est très encourageant. Voyez-vous je suis justement en train... — Oh, en train de faire quoi ? Dites-nous. Nous attendons, nous sommes impatients. — Rien que vous n'approuviez. Tout ce que vous souhaitiez. Je suis de mon temps, croyez-moi. Un temps qui m'offre — ingrat que j'étais — une mine à exploiter. Je m'étire à sa mesure... énorme... Je suis de taille à affronter ses angoisses, son absurdité. Noble. Fort et triste. Désespéré. Détaché de tous les suintements. Rien de louche, je vous assure. Avec les mots, j'en suis conscient.... n'ai-je pas toujours, et c'était, à n'en pas douter... vous ne vous y trompiez pas... Hérault... ma mère, j'en suis sûr, vous en a parlé... marquait déjà ma prédestination... avec les mots je construis ce monument à notre gloire à tous, cette cathédrale où vous pourrez vous recueillir et avec tous les autres exhaler vers le ciel muet vos nobles plaintes. Je saisis les mots, je les triture, je les assemble, je les

Ibid., p. 64.

cimente, je les dresse... Vous verrez ces voûtes et ces piliers, ils s'élancent... mes cris de désespoir comme un chant d'orgue... Elle fait de la main un signe qui veut dire : chut ! Allons, travaillez au lieu de tant parler, ne laissez pas la veine s'épuiser, s'évaporer en bavardages la précieuse inspiration. Elle a refermé la porte. Elle s'éloigne en glissant, en faisant le moins possible craquer le plancher...

Maintenant je suis seul. Cette fois, pour de bon. Elle n'a pas vu la fissure. L'image qu'elle a plaquée dessus aussitôt a tout recouvert : celle de la cathédrale superbe où déjà elle s'avançait, extatique, se prosternait, se redressait, ses cris traversant les voûtes, perçant le firmament, se répercutant, se perdant dans le vide du ciel.

VII. LES LECTURES

▶ Si l'on se réfère à *Max et Moritz* que la première instance narrative d'*Enfance* évoque (*E.*, p. 48) et auquel le double lui suggère de se reporter pour vérifier, il est loisible de mesurer la fidélité du souvenir aux images et au texte. Voici d'abord le « souvenir » de Natacha, tel que le livre le récit : Dans les dessins de mon livre préféré, *Max et Moritz*, avec ses vers si drôles que je sais par cœur, que j'aime scander, rien ne me fait jamais peur, même quand je vois les deux méchants garnements ficelés sur un plat, prêts à être enfournés et rôtis comme deux cochons de lait (*E.*, p. 47-48). On notera que le texte est assonancé et cadencé, comme dans *Max et Moritz* dont voici quelques vers :

« Hop ! Là, en un tournemain,
les voilà cuits à point. »
Vous pensez tout est fini
Non. Ils sont encore en vie
Comme deux rats cric, croque !
et la croûte se disloque
Boulanger de s'écrier :
« Acré ! les v'là ensauvés ! »

Wilhem Busch, *Max et Moritz*, adapté de l'allemand par Cavanna, L'école des loisirs, coll. Lutin Poche, 1990, édition établie à partir des films réalisés par Diogènes Verlag Zurich, d'après une édition de 1870 coloriée à la main.

Ces vers constituent une manière de petite chanson, ce qui peut expliquer que la petite fille n'ait pas été effrayée par l'image où ils sont rôtis. Il faut noter que Natacha le lisait dans la version russe qui était aussi en vers (entretien du 23 novembre 1993).

▶ *La maison de glace* d'Ivan Lajetchnikov est un roman historique qui évoque la dure époque de l'impératrice Anna Ivanovna (1730-1740), de son favori Biron et des Allemands à la cour russe. On y raconte également l'histoire d'amour passionnée entre la princesse moldave Marioritza Lelemiko et le ministre russe Volynsky. On en a

tiré une version pour enfants. Quelques descriptions puisées dans les premières pages du roman permettent de confronter ce texte avec les images dont se souvient la narratrice d'*Enfance* (p. 77-78 et 230).

Entre Admiralteïstvo et le Palais d'Hiver un merveilleux bâtiment est apparu qu'aucun pays au monde sauf la Russie n'a jamais construit et que seul notre Nord sévère a pu créer à l'aide de l'hiver cruel de 1740. Tout le bâtiment a été en eau. Les fondations ont été faites d'eau, ainsi que les murs, le toit, les fenêtres et toutes les décorations. Tout a été soudé par l'eau. L'eau acquérait toutes les formes possibles de l'imagination. Et quand le soleil dispersait ses rayons sur cette maison de glace, elle semblait être un morceau monolithe du saphir avec ses décorations en opale. [...]

Dans l'entrée, il y avait quatre fenêtres et cinq fenêtres dans chaque appartement dont les carreaux ont été faits de la glace pure et fine. La nuit beaucoup de chandelles étaient allumées et presque sur toutes les fenêtres on pouvait voir des toiles avec les sujets amusants. Les rayons pénétraient à travers les fenêtres et les murs et permettaient une vue fantastique. Près des portes il y avait des fleurs et des arbres de glace avec des feuilles et des branches de glace également sur lesquelles des oiseaux étaient assis. Tout était fait à la perfection.

De chaque côté il y avait une fenêtre ronde par laquelle on voyait une grande lanterne suspendue avec plusieurs chandelles allumées qui éclairaient les personnages amusants dessinés sur chaque côté de la lanterne. À l'intérieur de la lanterne une personne se cachait pour la tourner afin que les gens puissent voir de l'extérieur changer les personnages. Du côté gauche de la maison, selon l'habitude des pays du Nord on a construit un sauna qui semblait être fait des simples poutres. Parfois on le chauffait et on y prenait un bain de vapeur. Main-

Ivan Lajetchnikov, *La maison de glace*, traduction inédite du russe par Marina Krasnova, éd. Bielorussia, Minsk, 1966. [D. R.]

tenant on va voir les décorations dans les appartements. Dans une partie de l'un des appartements il y
avait une table avec un miroir, quelques chandelles
allumées la nuit, une montre de poche, de la vais-
selle variée et une glace accrochée au mur.

▸ *Rocambole* de Ponson du Terrail : les extraits que nous
citons sont à confronter avec ce qu'en écrit la narratrice
d'*Enfance*, quand elle se remémore l'image de la falaise d'où
l'on précipite quelqu'un d'innocent ou de presque parfait...
Le souvenir est vague et sommaire, quelque peu humoristique, met surtout l'accent sur l'identification de Natacha à
ces malheureux innocents, menacés du pire des sorts : eh
bien non, ils étaient, et avec eux une part arrachée à
moi-même, précipités du haut des *falaises*, broyés,
noyés, mortellement blessés... car le Mal est là, partout, toujours prêt à frapper... (*E.*, p. 267).

Voici le fragment exact emprunté à la première partie
de *Rocambole*, intitulée : « L'héritage mystérieux ».

Et, une fois encore, l'Italien avait caressé le rêve
infâme de la mort de l'enfant. Or, voici qu'à son retour
le premier être qui s'offrait à lui c'était cet enfant, cet
enfant endormi là, dans ce lieu solitaire, loin de tout le
monde, à cette heure nocturne où la pensée d'un
crime germe si aisément dans une âme avilie.

Le comte n'éveilla point l'enfant, mais il s'accouda
sur le parapet de la plate-forme et pencha la tête.

En bas, à plus de cent toises, les vagues mouton-
naient, couronnées d'une écume blanche, et ces
vagues pouvaient servir de cercueil.

Felipone se retourna, et d'un regard rapide
explora la plate-forme.

La plate-forme était déserte, et l'obscurité de la
nuit commençait à l'envelopper.

La grande voix de la mer montait jusqu'à lui et
semblait lui dire : « L'Océan ne rend point ce qu'on
lui confie. »

Ponson du Terrail, *Rocambole*, Garnier, 1977, p. 15

Un éclair infernal traversa l'esprit de cet homme, une tentation terrible le mordit au cœur.

— Il aurait pu se faire, murmura-t-il, que l'enfant, curieux de regarder la mer, eût escaladé le parapet qui n'a pas plus de trois pieds de hauteur ; il aurait pu se faire encore qu'il se fût assis imprudemment sur le parapet, et que, là, il se fût endormi, comme il s'est endormi au pied du parapet. Puis, en dormant, il aurait perdu l'équilibre...

Un sinistre sourire glissa sur les lèvres de l'Italien :

— Et alors, acheva-t-il, alors, mon enfant à moi n'aurait pas de frère, et je n'aurais plus à rendre des comptes de tutelle.

En prononçant ces derniers mots, le comte se pencha de nouveau vers la mer.

Les flots grondaient sourdement et semblaient lui dire : « Envoie-nous cet enfant qui te gêne, nous le garderons fidèlement et lui ferons un joli linceul d'algues vertes. »

Puis encore il jeta un second regard autour de lui, ce regard investigateur et rapide du criminel qui craint d'être épié. Le silence, l'obscurité, la solitude lui disaient : « Nul ne te verra, nul n'attestera jamais devant un tribunal humain que tu as assassiné un pauvre enfant ! »

Et alors le comte fut pris de vertige et n'hésita plus.

Il fit un pas encore, prit dans ses bras l'enfant endormi, et lança la frêle créature par-dessus le parapet.

Deux secondes après, un bruit sourd qui monta des profondeurs de l'Océan lui apprit que la vague avait reçu et englouti sa proie.

Natacha s'évadait du monde étriqué de la maison paternelle grâce au monde fastueux des palais représentés dans _Rocambole_.

Mais tout ce que le luxe moderne a de recherches et de délicatesses semblait y avoir été apporté dans

Ibid., p. 96.

la décoration, la disposition de chaque pièce et son ameublement.

Une pelouse verte, entourée de massifs d'arbres, conduisait au perron, haut de quelques marches et donnant accès, par une porte vitrée à deux vantaux, dans un vestibule dallé en marbre, rempli de fleurs en toute saison, et dont les murs étaient couverts de fresques délicieuses.

À gauche étaient la salle à manger, les offices et les cuisines ; à droite, une salle de bains, une serre et un joli salon d'été, dont la cheminée était surmontée d'une glace sans tain, à travers laquelle on apercevait les jardins. Ce salon, meublé en citronnier, avec des tapis de Smyrne et des jardinières pleines de fleurs dans l'embrasure des croisées, avait une porte-fenêtre qui conduisait, par trois marches, sur une pelouse verte.

Une riche collection de tableaux modernes, dus la plupart à l'école française, et signés des noms les plus célèbres, en garnissait les murs.

Au premier étage se trouvaient le salon d'hiver, la chambre à coucher, le cabinet de toilette et le boudoir de Baccarat ; plus une toute petite pièce disposée en fumoir, et dont le baron d'O... s'était réservé la jouissance.

C'était là qu'il recevait parfois, le soir, quelques intimes, auxquels Baccarat servait du thé de ses belles mains.

Le second étage était destiné à la mère de la courtisane et aux domestiques.

Au fond du jardin, on avait construit un petit bâtiment destiné aux écuries et aux remises, car Baccarat avait trois chevaux, dont un de selle, un coupé et une américaine...

▶ **On peut voir dans *Le prince et le pauvre*, de Mark Twain, une esquisse de roman familial freudien.**

Tom, sosie du prince, se sent étranger au palais. *Enfance* nous en livre une réécriture pages 79-80.

Tous les personnages présents avaient été stylés pour se rappeler que le prince avait, momentanément, perdu la raison, et pour ne laisser voir aucune surprise à ses caprices. Ces « caprices » se montrèrent bientôt à eux ; mais ils n'éveillèrent que leur compassion et leur chagrin, non leur rire. C'était une lourde affliction pour eux de voir leur prince bien-aimé si accablé.

M. Twain, *Le prince et le pauvre*, éd. par Francis Lacassin, Laffont coll. Bouquins, 1990, p. 552-553.

Le pauvre Tom mangeait surtout avec ses doigts, mais personne ne souriait, ni même semblait s'en apercevoir. Ayant examiné sérieusement sa serviette, qui était d'une très belle fabrication, il dit avec simplicité :

— Je vous en prie, enlevez-la, dans ma maladresse je pourrais la salir.

Le gentilhomme héréditaire du linge la lui ôta respectueusement, sans mot dire.

Le repas étant achevé, un gentilhomme vint déposer devant lui une large aiguière d'or, contenant de l'eau rose, pour y laver sa bouche et ses doigts, et le gentilhomme héréditaire du linge vint se placer à côté de lui avec une serviette. Tom, plein d'embarras, regarda l'aiguière une minute ou deux puis, la portant à ses lèvres, gravement en but une gorgée. Et, se retournant vers le gentilhomme qui attendait, il lui dit :

— Non, cela ne me plaît pas, milord ; l'odeur est assez agréable mais c'est trop fade.

Cette scène hallucinante, que l'on pourrait intituler « Le prince chez les gueux », est restée gravée dans le souvenir de Natacha :

Comme la journée finissait, le garçon, accablé par son chagrin, s'abandonna peu à peu à un sommeil tranquille et réparateur.

Ibid., p. 600-601.

Au bout d'un temps assez long, qu'il n'aurait su évaluer, ses sens luttaient dans une demi-conscience, et tandis qu'il était couché, les yeux clos, se demandant vaguement où il était et ce qui était arrivé, il perçut un bruit rappelant celui de la pluie sur un toit. La sensation agréable de confort, ressentie un instant, fut durement anéantie le moment d'après par un concert de petits gloussements et de rires grossiers, qui le firent frissonner désagréablement. Il se découvrit la tête pour voir d'où provenait cela.

Un spectacle horrible, étrange, frappa sa vue. Un grand feu brûlait à même le sol, à l'autre extrémité de la grange, et, autour, l'éclairant d'une lueur rouge, grouillait la plus remarquable compagnie de gueux et de malandrins, hommes et femmes, qu'il ait pu imaginer d'après ses lectures et ses rêves [...].

Alors on vit le petit roi s'élancer au milieu de l'assemblée interdite, et lorsqu'il se trouva en pleine lumière, tous ayant les yeux attachés sur lui, une immense explosion de rire l'accueillit.

— Quoi ? Qui es-tu ? Qui es-tu, *momaque* ?

Tous criaient et interrogeaient en même temps.

L'enfant les regarda sans trouble et, croisant les bras sur sa poitrine, il prononça avec calme et fierté :

— Je suis Édouard, roi d'Angleterre !

Une nouvelle salve de railleries lui répondit. Les gueux n'avaient jamais assisté à pareille comédie.

Le roi était blessé dans son orgueil.

VIII. LA RÉCEPTION IMMÉDIATE

Les échos dans la presse ou dans des revues non spécialisées sont très élogieux ; une seule note discordante, celle de Pol Vandromme (*Le Rappel de Charleroi*, 4-5 juillet 1983) selon qui *Enfance* installe le rien sur le vide. Par ailleurs, c'est un concert de louanges. Les lectures tout à fait naïves sont rares mais on lit tout de même dans *Prométhée* (n° 54, janvier-avril 1983) qu'il s'agit d'une autobiographie romancée de son enfance à partir de cinq ou six ans, ce qui implique une lecture bien rapide ! Certains y voient le retour à une littérature d'évocation (*La Tribune des nations*, juin 1983), mais on y note aussi qu'il s'agit de l'un des textes de Sarraute les plus admirables et les plus subtilement rayonnants (Éric Lavergeois). Tous les autres critiques mettent l'accent sur la différence entre ce qui est tout de même une autobiographie écrite non sans courage, à quatre-vingt-deux ans, et le reste de l'œuvre, puisqu'on voit se dessiner la sélection par l'écrivain de quelques moments privilégiés par la mémoire affective, puis par son instinct (Pierre Shavey, dans *Lu pour vous*). Denis Boullée, dans *Homophonies* (n° 193, novembre 1983), n'hésite pas à qualifier le texte de roman de la mémoire, laissant transparaître de cette enfance ce qui vit encore en elle, images fortes ou obscures qui ne l'ont plus quittée. Même si, selon Jacques Pécheu (*Le Français dans le monde*, n° 18 octobre 1983), l'on y retrouve la topographie attendue des premiers émois, de souvenirs purs ou ensoleillés, de vibrations psychologiques, *Enfance* apparaît d'abord comme le récit d'une entrée en écriture. On rejoint *Les mots* de Sartre. Cette dernière comparaison revient souvent. André Bourin, dans *La Nouvelle République du Centre-Ouest*, préfère parler d'antimémoires, ce qui ne laisse pas d'être surprenant car on est aussi éloigné que possible des choix malruciens. Gilles

Barbedette, dans *Le Samouraï (juillet 1983)*, use d'une formule plus heureuse en voyant dans *Enfance* une version bien tempérée du genre autobiographique. **L'article de Maurice Nadeau, dans** *La Quinzaine littéraire*, n° 170), **met en lumière la continuité avec le reste de l'œuvre, comme le fait aussi Mathieu Galey dans** *L'Express* **(1er juillet 1983) :** celui-ci voit en effet chaque élément **replacé** dans un tout soigneusement brodé **mais il conclut :** *Enfance* n'est pas un nouveau Sarraute comme les autres. **J. Piatier suggère d'une jolie formule, dans** *Le Monde des livres* **(15 avril 1983), d'y trouver un** opéra intimiste. Elle fait d'abord référence à *La Flûte enchantée*, pas très loin de ce livre à la délicatesse mozartienne, **et elle conclut :** Que Nathalie Sarraute se rassure, *Enfance* n'est pas une œuvre de vieillesse mais une de ses créations majeures. Elle y transforme et y accomplit sa manière. Elle s'y livre tout en nous éclairant sur nous-mêmes...

On retiendra plus spécialement les articles suivants :

❱ **« Le vrai seul est romanesque », affirme André Wurmser dans** *L'Humanité.*

Sans doute, tout récit d'enfance est-il tendre et plaisant. La jeunesse a son tragique, l'adolescence ses enfers : l'écrivain qui fait chanter son enfance est assuré de s'émouvoir et d'émouvoir son lecteur. Nos premiers souvenirs ont la luminosité des impressionnistes ou d'un paradis perdu. Mais cela ne crée pas, bien sûr, un signe d'égalité entre tous les récits d'enfance. [...]

Cette *Enfance*-ci a les mérites de beaucoup d'autres — elle évoque mieux qu'eux le grain de la peau maternelle, l'absurdité rien qu'apparente des entêtements enfantins — et des mérites qui lui sont propres. Et d'abord, cela donne en 1983 une rafraîchissante sensation de nouveauté — rien qui relève de Freud. Rien. Natacha offre cette particularité quasi pathologique de n'être ni perverse ni dominée par sa

A. Wurmser, *L'Humanité*, 2 janvier 1984 [D. R.]

sensualité. Les amours que nouent au-dehors sa mère et son père ne suscitent ni refoulement, ni transferts, ni complexes et sa pureté n'a pourtant rien de niais : elle est, elle ose être *enfantine*. On peut s'étonner que l'amour et son vert paradis n'apparaissent pas, mais puisque l'écrivain se soumet à l'obligation de ne rien inventer... Cela dit, la mère frivole ni la sotte marâtre ne sont l'objet de caricatures ou d'enjolivures, et, surtout, la psychologie de l'enfant est approfondie. Pour lui, observe Nathalie Sarraute, ses « idées », comme il dit, les « mots » qui voudraient l'enchaîner, lui sont extérieurs. Il les accepte ou les repousse, les communique — prudemment — ou les conserve en secret, mais toujours se défend contre eux. Sa solitude est richesse et irresponsabilité, fierté, volonté de ne pas se confondre avec ce qui lui vient d'ailleurs.

▶ **Voici ce qu'écrit Marc Baronheid dans un article joliment intitulé « Les orties de la tendresse » :**

Que Nathalie Sarraute « retombe » en enfance pourrait donner à craindre une orientation nouvelle et réductrice ou des infidélités majeures aux éblouissements des tropismes. Les premières séquences rassurent d'emblée : ceci n'est pas une biographie emballée sous vide, pas plus que la pipe de Magritte n'était une pipe. Quelqu'un se raconte, certes, évoquant une enfance — la sienne ou celle de son double — reconstruite et propulsée par d'heureux mouvements intérieurs, étrangers à l'attendrissement, à la subjectivité mièvre, au subterfuge du merveilleux. Ici, la féerie marche sur des tessons, la tendresse est caressée d'orties, la souffrance — la vraie — occulte les petits chagrins.

M. Baronheid, *La Wallonie*, 17 juin 1983 [D. R.]

▶ **Et Michel Nuridsany :**

Enfance (et non pas *Mon enfance*) choisit de raconter les épisodes les plus anonymes d'une vie, les

M. Nuridsany, *Le Figaro*, 6 mai 1983. [D. R.]

plus communs à tous : des promenades au jardin du Luxembourg, les devoirs dont on est fier, des maladies banales [...]. Il appartient au lecteur d'imaginer le reste, les effets, les prolongements. La pudeur sans doute retient Nathalie Sarraute mais aussi l'exigence de l'écrivain qui se traite, enfant, comme elle le ferait du « portrait d'un inconnu », traquant avec une minutie attentive la vérité dans son existence mouvante.

Tout ici ou presque se joue dans une petite oscillation entre le désespoir avoué et l'espèce de détachement qui renforce encore l'émotion [...]

Pour la première fois, certes, Nathalie Sarraute nous parle d'elle-même, mais ce qui donne tout son prix à ce livre c'est que, confrontée au problème d'inscrire dans l'impersonnel sa propre personne, transformant légèrement sa « manière », elle nous donne son livre le plus libre et le plus beau..

▶ **Selon Francine de Martinoir, *Enfance* continue et éclaire l'entreprise sarrautienne de mise au jour de ce qui est mouvant et purement ressenti avant et sous le langage trop « bien armé ».**

Et *Enfance* est ce qui continue et éclaire à la fois cette entreprise [sarrautienne].

Pour définir cette dernière, on est tenté de reprendre les mots utilisés par l'auteur à propos d'un de ses personnages, l'écrivain qui, dans *Entre la vie et la mort*, se dirige vers « des régions silencieuses et obscures où aucun mot ne s'est encore introduit, sur lesquelles le langage n'a pas encore exercé son action asséchante et pétrifiante, vers ce qui n'est encore que mouvance, virtualités, sensations vagues et globales, vers ce non-nommé qui oppose aux mots une résistance et qui, pourtant, les appelle, car il ne peut exister sans eux ». Son plus récent ouvrage est en effet à l'autobiographie ce que *Le planétarium*, par exemple, est à un roman dit

F. de Martinoir, *NRF*, n° 366-367, juillet-août 1983, p. 213.

« traditionnel ». L'auteur a récusé le « je » triomphant des souvenirs reconstruits. Dès les premières lignes, deux voix s'élèvent, l'une sera plus forte que l'autre et fera découvrir peu à peu « ce qui tremblote quelque part dans les limbes », ce qui « palpite faiblement ». Elle dominera ainsi son adversaire qui est, sans doute, comme l'un des héros de *Pour un oui ou pour un non*, le langage bien armé, méfiant à l'encontre de tout ce qui est nouveau, informe, grouillant.

▶ **Jacqueline Lévi-Valensi souligne aussi l'importance de l'usage de la parole par laquelle N. Sarraute explore l'espace qui sépare le langage du « réel », de l'« acte » et même de l'« être ».**

Bien qu'*Enfance* relève, à l'évidence, de l'entreprise autobiographique, et, retrouvant le titre français des mémoires de Gorki ou de Tolstoï, semble ouvertement se situer dans le genre bien défini du récit des origines, où l'écrivain raconte ses premiers souvenirs, on ne s'étonnera pas, s'agissant de Nathalie Sarraute, de l'originalité du projet, de la démarche, et de l'œuvre.

Nathalie Sarraute ne cherche pas à faire de ses « souvenirs d'enfance » une relation continue et organisée, ni à y déceler quelque principe de causalité ou de finalité ; elle veut s'« efforcer de faire surgir quelques moments, quelques mouvements » de ces années vécues sous le signe de la séparation, et du partage entre deux foyers, plusieurs langues, des lieux divers : la Russie, la France, quelque hôtel suisse ; « ici » est toujours un exil, dans la mesure où l'enfant ne perd jamais la conscience de l'existence d'un « là-bas », même si elle n'en cultive pas la nostalgie. [...]

Ce ne sont pas les événements de l'enfance en eux-mêmes, ni les relations, si profondes avec le père, si complexes avec la mère ou Véra, la

J. Lévi-Valensi, *Esprit*, novembre 1983.

seconde femme du père, ni les actes — déchirer un canapé, toucher un poteau électrique — qui donnent aux scènes et aux images leur fonction déterminante, à tous égards, de scènes « primitives » : ce sont les paroles qui les ont accompagnées, précédées, suscitées, ou contredites ; paroles entendues (« Véra est bête », « Peut-on détester un enfant ? »), mots qui « s'abattent sur vous et vous enferment », comme le mot « malheur », mots menteurs ou mensongers (le poteau ne tue pas, le récit scolaire du « premier chagrin » est complètement inventé), mots qui, énoncés de l'interdit, incitent du même coup, à la transgression : « Non, tu ne le feras pas » — « Si, je le ferai », d'une certaine manière, en explorant constamment l'espace qui sépare le langage du réel, de l'acte, et de l'être, les romans et le théâtre n'ont pas cessé de reprendre cet échange de répliques, donné ici comme liminaire, primordial ; ce n'est pas un hasard s'il est prononcé en allemand, comme le « Ich sterbe » de Tchekhov, sur lequel s'ouvrait la belle méditation de *L'usage de la parole*.

IX. LA CRITIQUE UNIVERSITAIRE

Très vite, *Enfance* a suscité les analyses de chercheurs dans des colloques ou des revues spécialisées. Bruno Vercier se livre, le premier, dans un colloque qui s'est tenu aux États-Unis en 1987, à une étude approfondie qui souligne la dimension originale mais très sarrautienne de ce récit où se met en place une « nouvelle » autobiographie, sans rupture néanmoins avec le « nouveau roman ».

« (NOUVEAU) ROMAN ET AUTOBIOGRAPHIE »

Les clichés ont la vie dure : certains critiques se sont étonnés, au moment de la publication d'*Enfance*, de ce que Nathalie Sarraute, romancière du Nouveau Roman, ait pu écrire une autobiographie, comme si le Nouveau Roman avait été non pas la recherche d'un nouveau réalisme par un groupe d'écrivains bien différents les uns des autres, mais une école rigide de romanciers se contentant de décrire « objectivement » et au présent le monde des choses extérieures comme si, surtout, l'Autobiographie n'était pas, chaque fois qu'elle est réussie, le fruit d'une œuvre, c'est-à-dire d'une écriture élaborée tout au long de cette œuvre [...].

À relire, trente ans après, *L'ère du soupçon*, on est moins surpris que ne le furent les critiques. Bien loin de s'y opposer, cet essai semble contenir en germe les fondements du projet autobiographique en général, et en particulier celui de Nathalie Sarraute. Le roman « idéal » qui se dégage des différentes remarques ressemble, par bien des aspects, à une autobiographie. En affirmant que le personnage de roman n'est qu'un « découpage conven-

Autobiography in French Literature, French Literature Series, vol. XII, 1985, University of South Carolina.

tionnel sur la trame commune que chacun contient tout entier et qui capte et retient dans ses mailles tout l'univers », en souhaitant le triomphe « du petit fait vrai » sur « l'histoire inventée », en préférant le récit à la première personne, en désirant que « l'écrivain, en toute honnêteté parle de soi », Nathalie Sarraute ne décrivait-elle pas à l'avance, tout autant que ses romans écrits ou à venir, cet *Enfance* à quoi ils aboutissent ? La venue de Nathalie Sarraute à l'autobiographie ne relève pas, comme on l'a parfois déclaré, de l'engouement actuel pour cette forme, mais de sa logique d'écrivain. [...]

Nathalie Sarraute sait trop bien qu'elle ne peut faire parler directement l'enfant qu'elle fut. Adulte, je ne peux parler qu'avec mes mots d'adulte, à la première personne. Le dialogue d'*Enfance* sera donc le dialogue de deux voix d'adultes, le texte se jouera sur la scène de l'écriture. [...]

Douanier vigilant qui inspecte et soupèse toutes les marchandises, l'autre voix est celle de la lucidité d'un écrivain qui retrouve sur sa route les préoccupations traditionnelles des autobiographes : que ce soit celle de l'exactitude matérielle des faits, celle de l'adéquation du langage et des mots de l'adulte, ou, finalement, celle de la réalité même du souvenir, qui amène Nathalie Sarraute à considérer, puis à assumer, qu'elle reconstruit cette enfance, qu'il s'agit en fait du « roman d'un enfant ». L'usage de cette seconde parole qu'est l'autre voix donne du relief à ce qui risquerait de n'être qu'un récit plat, unidimensionnel et permet à Nathalie Sarraute de retrouver ce qui a toujours été son domaine de romancière, celui de la « sous-conversation » [...].

Par le dialogue de ses deux voix, Nathalie Sarraute apporte également une solution globale au problème qui se pose à tout autobiographe : écrire au présent une histoire passée, c'est-à-dire non pas reproduire des comportements, mais les analyser dans le mouvement de l'écriture, en chercher la signification. L'enfant aussi avait sa mauvaise foi, qu'il faut respecter puisqu'elle lui a permis de survivre, mais aussi démasquer puisque écrire c'est rechercher une vérité. Dans leur discontinuité, tous les souvenirs racontent une seule et même histoire — celle que racontent en fait toutes les vraies autobiographies —, le roman d'un enfant, qui deviendra l'écrivain qui racontera l'histoire de ce même enfant, c'est-à-dire ce texte que nous lisons : mise en abyme bien caractéristique des structures du Nouveau Roman. [...]

Mieux qu'un récit de vocation classique, *Enfance* est le roman des origines, de la vie et de l'œuvre mêlée [...]. Les romans se sont écrits avec l'enfance, l'autobiographie s'écrit avec les romans [...]. Le récit de cette enfance met en place les structures qui hantent tous ses livres. Nous n'en relèverons qu'une, celle de la séparation du monde entre un ici et un là-bas qui s'accompagne de la fascination apeurée du Je qui est ici, faible, coupable, différent, pour les Autres qui sont là-bas, forts sûrs d'eux-mêmes, masse cohérente et uniforme. Cette séparation est aussi l'opposition de deux langages, le langage bien vivant de la romancière Nathalie Sarraute et du Nouveau Roman, et le langage dominant, autoritaire, mais en fait moribond, du roman traditionnel. [...].

S'inscrivant sans heurt dans une tradition autobiographique qu'elle ne conteste que pour mieux l'assimiler et la prolonger, Nathalie Sarraute prouve, s'il en était encore besoin, que le Nouveau Roman, bien loin d'être cette rupture totale avec la littérature antérieure, ou, pire encore, la fin de la littérature, a contribué à sa manière au renouvellement de celle-ci. Ce que le Nouveau Roman apporte à l'autobiographie, c'est un degré supplémentaire dans la conscience critique des moyens mis en œuvre, c'est l'exigence d'une recherche qui refuse de suivre les chemins trop fréquentés. La réussite du livre de Nathalie Sarraute prouve aussi que cette lucidité ne constitue pas un obstacle, bien au contraire, à la recréation sensible de l'univers si délicat de l'enfance.

« PAROLES D'ENFANCE »

Philippe Lejeune attire l'attention sur l'originalité de l'écriture dans cette autobiographie, qui obéit à un nouveau tempo, fondé sur la fragmentation, sur un montage des séquences tel qu'un subtil contrepoint est instauré entre la sous-conversation de l'enfant, les dialogues avec les adultes et la double voix de l'instance narrative.

Enfance est un livre à entendre. Une chambre d'échos. Un travail sur la voix : l'oral dans l'écrit, avec les vertigineuses profondeurs de champ (ou de chant ?) et les fondus les plus subtils qu'autorise l'emploi du discours rapporté dans un texte autobiographique. Un récit d'enfance sans passé simple et sans point virgule.

Ph. Lejeune, *Revue des sciences humaines*, L XXXX III, n° 217, janvier-mars 1990.

Fragmentation

Dans l'édition originale, *Enfance* se présente comme un livre nu : un titre fait d'un seul mot (laissant même dans le doute le genre du livre : s'agit-il d'une autobiographie ?), pas de sous-titre, ni dédicace ni préface, rien sur la page 4 de couverture (l'édition Folio a rompu le charme : une photo de l'auteur en petite fille sur la couverture, un texte publicitaire au dos —, commerce oblige). J'ouvre le livre. Impression qu'il n'y a personne aux commandes : à la page 1, des tirets, deux voix parlent, on ne sait pas qui c'est, ni qui les fait parler. Leur dialogue sort du silence, s'y replonge périodiquement, puis resurgit plus loin du blanc de la page.

Combien de fois ? On ne saurait le dire. D'ailleurs on ne se pose pas un tel problème. Peut-être même a-t-on tendance à confondre (parce qu'on les articule) deux « échelons » de fragmentation : des sortes de chapitres, et, à l'intérieur de ces chapitres, des blancs qui séparent les répliques des deux interlocuteurs, mais aussi des blancs entre les éléments successifs du récit que l'une des deux voix a pris en charge. Une dentelle de paroles, l'évidence de ce blanc sur lequel elles se détachent, ou dans lequel elles sont comme en suspension. Un rythme. Un tempo. Combinant régularité et variation. Le mot « fragmentation » est mal choisi (mais comment dire autrement ?). Il a sens par rapport à la structure du récit, oui ; mais ce qu'il implique de cassé ou d'éclaté convient si mal au côté fondu et ouaté du texte. Ces silences ou ces blancs unissent plus qu'ils ne séparent. La fragmentation propre au dialogue porte toujours sens (objection, adjonction, commentaire, question...), si bien que la fragmentation du récit (plus elliptique) a tendance à s'inscrire dans le même espace de méditation. La distinction entre ces deux types de fragmentation est d'ailleurs brouillée par plusieurs phénomènes : le récit, même s'il a souvent l'air de prendre son autonomie (presque toutes les « attaques » de chapitres sont assurées par la voix narratrice), dépend toujours du dialogue au sein duquel il est produit ; la fragmentation narrative est pratiquée entre les chapitres, mais aussi à l'intérieur de certains chapitres, où elle est associée à la fragmentation dialogique ; le dialogue sert à ponctuer, deux ou trois fois, des débuts de chapitre, et, plus souvent, leur « chute »...

À ce premier stade de démonstration, je devrais donner des exemples. Mais il faudrait prendre tout le livre, l'analyser comme une partition de musique [...]. J'ai peut-être trop souligné cette trame chronologique : elle s'impose au lecteur sans qu'il la remarque. L'absence d'annonce en tête des chapitres, les débuts « in medias res », le fait que ces points de repère sont disséminés aux endroits les plus variés du texte, et ce blanc général dans lequel flottent les deux voix, tout est fait pour donner l'impression inverse : on circulerait dans le chaos d'une mémoire, que les deux voix ont grand mal à débrouiller. — Quand on regarde de plus près, on voit bien au contraire qu'on est devant un ordre. Le montage brouille les pistes, en présentant comme organisé en *opus incertum* une construction très étudiée. [...]

Montage

La construction en *opus incertum* m'a semblé avoir deux grandes fonctions.

La première est de fondre, de faire s'interpénétrer, deux types de matériaux assez différents. D'un côté, une série de chapitres qui sont en quelque sorte l'équivalent des « tropismes », ou des séquences de *L'usage de la parole* : l'explication de la manière dont les paroles ont été entendues par l'enfant — comment un mot ou une phrase se sont enfoncés en elle : c'est la suite des scènes entre l'enfant, sa mère, son père et Véra, qui forment la colonne vertébrale du livre, et constituent sans aucun doute la contribution originale de Nathalie Sarraute au renouvellement du genre. D'un autre côté, une série de chapitres qui offrent la monnaie courante de tous les souvenirs d'enfance : apprentissages, petites découvertes, peurs, échecs, jeux, souvenirs d'école, portraits d'adultes ou de camarades, sensations frappantes, etc. Ces chapitres-là sont souvent traités à la limite du conventionnel : seule l'oralisation du discours du narrateur les fait échapper à l'univers de la rédaction scolaire. [...] L'empathie critique qui permettait à Nathalie Sarraute d'accompagner les plus infimes mouvements de la sous-conversation se double ici d'une connivence plus sympathique, d'un abandon, certes très maîtrisé, au lyrisme. La réussite d'*Enfance* tient à cet équilibre. Les séquences traditionnelles d'émouvants et jolis souvenirs sont souvent contrôlées par la voix critique, et comme excusées par le contexte si tendu dans lequel elles sont insérées. Le montage réalise pour le lecteur une expérience des variations de tension auxquelles Natacha était soumise —, dans lesquelles elle trouvait son salut. D'ailleurs les séquences centrales, représentant l'affrontement de la petite fille et des parents, sont elles-mêmes ambiguës. On suit la sous-conversation de l'enfant qui démêle à sa manière la sous-conversation des adultes, l'ensemble mimé par le narrateur : mais ces deux sous-conversations ne sont pas traitées de la même manière. Nathalie Sarraute ne se prive pas d'effectuer, par-dessus la tête de l'enfant, des mises au point assez sévères sur ce que laissent comprendre les paroles des adultes, alors que la sous-conversation de la fillette, candide et vulnérable, est toujours accompagnée avec émotion et humour par une narratrice qui, sur ce point, se comporte de manière très traditionnelle. Pas de doute : *Enfance* est le premier livre de Nathalie Sarraute dans lequel le moi, la construction du moi, apparaissent explicitement comme des *valeurs*. Le premier qui offre au lecteur une identification positive. Il apparaît comme l'envers (mais peut-être aussi le fondement secret) de tous ses autres livres.

« LE POUVOIR DE LA PAROLE »

Yvette Went-Daoust analyse plus particulièrement la nouvelle position assignée au lecteur par l'auteur implicite du texte.

L'écrivain conclut avec le lecteur un « pacte autobiographique » assez ambigu. Elle se présente

Y. Went-Daoust, « *Enfance* de N. Sarraute ou le pouvoir de la parole », *Lettres romanes*, t. XLI, 1987, n° 4.

d'entrée de jeu en « je narré » lointain et en narratrice, « je contemporain de l'écriture ». La fonction de cette seconde instance est de faire émerger la première du passé. À son tour, la narratrice est secondée dans sa tâche par une instance qui dit « tu ». Cette émanation d'elle-même se charge d'authentifier ou de corriger ses dires et fonctionne en même temps comme narratrice, car le discours du « je » lui est adressé. Où le lecteur se situe-t-il ? Malgré son exclusion apparente, c'est peut-être à lui que N. Sarraute songe le plus. Si l'on examine la couverture de l'édition Folio d'*Enfance*, on constate qu'elle établit un pacte qui l'incite plutôt à la participation. Se succèdent : le nom de l'auteur, le titre et une photographie d'enfant habillée à l'ancienne, les mains enfoncées dans les poches, dans une attitude de parfaite autonomie (ou de parfait isolement ?). Ce n'est certainement pas un hasard si cette photo a été retenue ! L'écrivain est ainsi représentée clivée : auteur et sujet. Sujet public dont chacun est invité à s'emparer. [...]

Ce titre avertit le lecteur qu'il s'apprête à lire un livre d'intérêt général, qui devrait le toucher au moins autant que l'auteur. *Enfance*, sans possessif, renvoie à un échantillon parmi d'autres de cette période de la vie. C'est dans un esprit d'impartialité que N. Sarraute souhaite que son livre soit abordé. Or, dans cette perspective, le double pronom peut être interprété comme une tentative d'objectivation du moi, plutôt que comme une éviction du lecteur.

C'est sa propre mise à distance que l'auteur s'efforce, sur tous les fronts, d'opérer pour mieux se rapprocher de ce dernier, confondre son univers avec le sien. Néanmoins, elle n'échappe pas au piège de la subjectivité Quoi qu'elle fasse, son livre cette fois ne brasse pas une matière anonyme, mais sa propre existence. La double mise à distance du moi : titre et photo par rapport au nom de l'auteur et pronoms personnels « je » et « tu » sont des leurres que le texte se chargera de dénoncer. C'est ainsi qu'en se dédoublant en « je » et en « tu », Nathalie Sarraute introduit le monologue intérieur dans le discours autobiographique généralement extraverti, et ce faisant, se rapproche d'elle-même. Cette innovation remarquable contribue à première vue à assimiler la structure d'*Enfance* à celle du discours romanesque. Pourtant, à l'encontre de ce qui se passe dans l'économie de ce dernier, le discours autobiographique assigne une tout autre place au lecteur. Alors qu'à la faveur du monologue intérieur, ce dernier se glissait dans les consciences romanesques anonymes livrées aux tropismes et les observait de très près en compagnie de l'auteur, la stratégie de l'autobiographie maintient le lecteur à distance. Tout se passe maintenant comme s'il était invité à assister en témoin à un dialogue qui ne le concerne pas [...]

L'alternance des paroles, opposée au déroulement linéaire des discours multiples qui construisent l'œuvre romanesque, vient encore souligner formellement cette mise à distance du lecteur. Dans ces conditions, il lui est difficile d'aller se perdre, grâce au monologue intérieur, dans la conscience de la narratrice car, à tout moment, il lui est rappelé qu'il n'est pas le destinataire des pensées qui s'y forment. Nous sommes au théâtre, et bien séparés des « protagonistes ». [...]

« L'ÉLABORATION DE LA DIFFÉRENCE SEXUELLE »

Marcelle Marini s'interroge sur la pratique langagière de quelques « écrivaines » et montre comment N. Sarraute élabore la différence sexuelle sur un mode neuf, en subvertissant l'emploi du masculin et du féminin pour neutraliser les représentations sexuelles figées qui circulent. L'ambition de N. Sarraute serait, dès lors, de faire apparaître l'indifférencié.

N. Sarraute est la première femme en France à avoir été admise — reconnue — comme un écrivain en général et non plus comme un écrivain femme ou une femme écrivain. Elle a ouvert une brèche dans le système figé qui faisait de la littérature féminine une littérature « naturellement » séparée et secondaire. Sa reconnaissance a certainement été facilitée par trois refus qui la caractérisent. Celui d'abord du terme de « romancière » qui, fonctionnant dans la langue, avec celui de « romancier », a, pour elle, la fâcheuse possibilité d'imposer une marque sexuelle spécifique et, qui plus est, dévalorisée : elle revendique le terme d'écrivain, au sens générique, homme ou femme, peu importe, la question est, à ses yeux, sans pertinence. Ensuite, le refus de toute thématique ouvertement féminine — ou cataloguée comme telle. Enfin, le refus même de tout point de vue — de toute vision du monde — privilégié ou cantonné au féminin. J'en donnerai un exemple frappant : son dernier livre, *Enfance*, est une exploration de ses propres souvenirs, très clairement les souvenirs d'une petite fille ; mais, dans l'interview faite par V. Forrester, l'écrivaine a cette phrase qui peut étonner : « J'ai voulu décrire un enfant plutôt qu'une petite fille. » Est-ce à dire que N. Sarraute rejette le féminin ? N'est-elle pas davantage en train de nous dire ce qu'elle tente de produire par sa pratique de l'écriture : la possibilité de *généralisation* — voire, chez elle d'universalisation —, à partir d'une expérience d'être humain sexué femme ?

D'ailleurs, N. Sarraute refuse également toute thématique dite masculine et tout point de vue — toute vision du monde — privilégié ou cantonné au masculin. Ainsi, un écrivain célèbre comme point de focalisation dans un roman peut être une femme *(Vous les entendez)* ou un homme *(Les fruits d'or)*, sans que cela tire à conséquence, sinon de marquer cette inimportance même. Il suffit de songer

M. Marini, « L'élaboration de la différence sexuelle dans la pratique littéraire de la langue », in *Femmes, écriture, philosophie*, sous la dir. de Lise Pelletier et Guy Bouchard, *Cahiers du GRAD*, faculté de philosophie, université de Laval, 3e trimestre 1987 (D. R.).

aux œuvres de Marguerite Yourcenar pour voir la différence : chez Sarraute, aucun de ces grands drames de conscience ou d'existence centrés sur un héros masculin. Si elle avait à se définir, ce serait comme un être humain qui écrit l'être humain sans savoir ce qu'il est, sinon de l'inconnu par excellence. La différence sexuelle fait partie de cet inconnu. C'est pourquoi, si l'on veut atteindre cet inconnu, il faut saper les catégories sexuelles, comme « toutes les catégories psychologiques, morales et sociales convenues ».

[...] Chez Sarraute qui pratique l'essaimage des caractéristiques et la migration des rôles, à qui attribuer désormais la passivité, l'activité, la demande, l'exigence, l'attente, la séduction, la violence, la souffrance, la peur, etc. ? Chaque être humain est une nébuleuse instable de pulsions dont l'autre — attirance/répulsion — est le centre fluctuant. Il arrive encore que les pronoms se transforment en cours de route. Ainsi peut-on généraliser à partir d'un féminin — « elle » — de façon si inattendue qu'on corrige inconsciemment à la lecture : dans le texte II (p. 16), « elle » et « la cuisinière » deviennent « ils » puis « on ». Quelquefois l'intention est plus manifeste : la phrase : « Ils étaient ainsi un grand nombre comme elle » (XI) fonctionne en morale de fable où « elle » reçoit une dimension symbolique plus vaste, de même que la petite fille d'*Enfance* permet de découvrir ce qu'est « un enfant ». Sarraute se plaît donc à respecter à la lettre la règle qui veut que le pronom « il » représente l'humain général ou que « le masculin l'emporte sur le féminin » : au point justement de la détourner. Elle dissocie ce pronom du masculin ou l'en démarque pour l'associer et parfois l'identifier à un « elle » antérieur dont la pseudo-spécificité éclate. Peu à peu, elle parvient à séparer le genre grammatical et le genre sexuel, en jouant des ambiguïtés : non seulement elle utilise « on », mais le plus possible de termes indéfinis (deux personnes, deux êtres, deux individus, les gens, sensible, aca riâtre et autres adjectifs communs), des tournures syntaxiques qui évitent les accords susceptibles de marquer le genre (notamment autour du pronom « je »), des tournures impersonnelles, des expressions à l'usage incertain (« mon petit »), etc. Alors se dessine à travers l'usage figé de la parole, la pratique d'une écriture que j'appellerais *indéterminante* qui nous restitue à ce qui fait notre communauté profonde, ces tropismes qui « préparent nos actes et nos paroles » et y demeurent inscrits. On peut donc parler de la production d'un « neutre » qui serait « ni l'un ni l'autre » et pourtant « et l'un et l'autre ». En nous se révèle une zone indéterminée où s'opèrent d'incessantes différenciations [...]

X. BIBLIOGRAPHIE

I. OUVRAGES DE NATHALIE SARRAUTE À METTRE EN PERSPECTIVE AVEC *ENFANCE*

Tropismes, Denoël, 1939. Ajout de six séquences dans l'édition de 1957 (les séquences 19 à 24 ont été écrites entre 1939 et 1941).

Portrait d'un inconnu, Robert Marin, 1948, avec une préface de Jean-Paul Sartre ; rééd. Gallimard, 1956 ; réédit. 10/18, 1958, postface de O. de Magny ; rééd. Folio 1977.

Martereau, Gallimard, 1953, Folio, 1972.

Le planétarium, Gallimard, 1959, Folio, 1981.

Les fruits d'or, Gallimard, 1963, Folio, 1973.

Entre la vie et la mort, Gallimard, 1968, Folio, 1973.

Vous les entendez, Gallimard, 1972, Folio, 1976.

« Disent les imbéciles », Gallimard, 1976, Folio, 1978.

L'usage de la parole, Gallimard, 1980, Folio, 1983.

Tu ne t'aimes pas, Gallimard, 1989, Folio, 1991.

Ici, Gallimard, 1995.

II THÉÂTRE

Le silence, le mensonge, 1967.

Isma, Le silence, le mensonge, Gallimard, coll. le Manteau d'Arlequin, 1976.

C'est beau, 1975, *Cahiers Renaud-Barrault*, repris *in* Nathalie Sarraute, *Théâtre*, Gallimard, 1978.

Elle est là, Gallimard, 1978.

Pour un oui ou pour un non, Gallimard, 1982.

III. Essais

L'ère du soupçon, Gallimard, 1956 (publié en 1947 dans *Les Temps modernes*).
Paul Valéry ou l'Enfant d'Éléphant, Gallimard, 1986 (publié en 1965 dans *Preuves*).

IV. Recueils d'entretiens

Avec Simone Benmussa : *Nathalie Sarraute, qui êtes-vous ?*, Lyon, La Manufacture, 1987.
Conversation avec Serge Fauchereau et Jean Ristat, *Digraphe*, n° 32, mars 1984.
Pour *Roman Vingt Cinquante*, n° 4, p. 117-128.
Avec Arnaud Ryckner, in *Nathalie Sarraute*, Le Seuil, coll. Les contemporains, 1991.

V. OUVRAGES GÉNÉRAUX SUR L'ŒUVRE DE NATHALIE SARRAUTE

André Allemand, *L'œuvre romanesque de Nathalie Sarraute*, La Baconnière, 1980.
Françoise Asso, *Une écriture de l'effraction*, PUF, 1996.
Yvon Belaval et Myriam Cranaki, *Nathalie Sarraute*, Gallimard, coll. La bibliothèque idéale, 1965.
Françoise Calin, *Nathalie Sarraute ou la vie retrouvée*, Minard, 1976.
Alan Clayton, *Nathalie Sarraute ou le tremblement de l'écriture*, Minard, Archives des lettres modernes, 1989.
Valérie Minogue, *Nathalie Sarraute and the War of the words*, Édimbourg, 1981.
Jean Pierrot, *Nathalie Sarraute*, José Corti, 1990.

Sabine Raffy, *L'œuvre romanesque de Nathalie Sarraute ou la destinée intérieure*, New York University Press, 1984.

Arnaud Ryckner, *Nathalie Sarraute*, Le Seuil, 1991.

Micheline Tison-Braun, *Nathalie Sarraute ou la recherche de l'authenticité*, Gallimard, NRF, 1971.

VI. ARTICLES

Teresa Di Scanno, « Les jeux de la mémoire », in *Enfance* de Nathalie Sarraute, *Literatura*, n° 9, 1986, p. 128-135.

Monique Gosselin, « Les mots de la mère », *RSH*, 1991-1992 (avril-juin), p. 121-142.

Philippe Lejeune, « L'ère du soupçon », in *Le récit d'enfance en question, Cahiers de sémiotique textuelle*, n° 12, p. 41-65.

— « Paroles d'enfance », *RSH*, 1990, n° 1, p. 113-126.

Catherine Leroux, « La part du sacré », *Enfance* de Sarraute, *Recherches sur l'imaginaire*, n° 15, 1986, p. 384-409.

Marcelle Marini, « L'élaboration de la différence sexuelle dans la pratique littéraire de la langue », in *Femmes, écriture, philosophie*, sous la dir. de Lise Pelletier et Guy Bouchard, *Cahiers du GRAD*, 1987, faculté de philosophie, université de Laval, p. 5-21

Valérie Minogue, « Fragments of Childhood, Sarraute's *Enfance* », *Romance studies*, hiver 1986-1987, p. 71-83, Swansea.

Georges Raillard, « Nathalie Sarraute et la violence du texte », *Littérature*, n° 2, mai 1971, p. 80-102.

Bruno Vercier, « Le mythe du premier souvenir », *RHLF*, 1975, p. 1031-1039.

— « (Nouveau) Roman et autobiographie : *Enfance* de N. Sarraute », in *Autobiography in French Literature, French Literature Series*, 1987, vol. XII, p. 162-171, University of South Carolina.

Yvette Went-Daoust, « *Enfance* de Sarraute ou le pouvoir de la parole », *Lettres romanes*, t. XLI, 1987, p. 337-350.

VII. NUMÉROS DE REVUES

L'Arc, n° 95, 4ᵉ trimestre 1984, conversation biographique avec
   Marc Saporta, « Portrait d'une inconnue ».
Digraphe, n° 32, mars 1984.
Revue des sciences humaines, n° 217, janvier 1990.

VIII. AUTRES OUVRAGES CITÉS

Henri Bergson, *Matière et mémoire*, Alcan, 1896.
Marie-José Chombart de Lauwe, *Un monde autre, l'enfance*,
   Payot, 1971.
Richard N. Coë, *When the Grass Was Taller. Autobiography and
   the Experience of Childhood*, New Haven et Londres, Yale Uni-
   versity Press, 1984.
Sigmund Freud, *Un souvenir d'enfance de Léonard de Vinci*,
   Folio bilingue, n° 16.
— « Sur les souvenirs-écrans », in *Névrose, psychose et perver-
   sion*, PUF, 1973.
Gérard Genette, *Figures III*, Le Seuil, coll. Poétique, 1972.
Ivan Lajetchnikov, *La Maison de glace*, traduction inédite de
   Marina Krasnova, éd. Bielorussia, Minsk, 1966.
Philippe Lejeune, *Le pacte autobiographique*, Le Seuil, 1975.
— *Moi aussi*, Le Seuil, 1986.
Pierre Loti, *Le roman d'un enfant* (1890), Garnier-Flammarion,
   1990, préface de Bruno Vercier.
Ponson du Terrail, *Rocambole*, Garnier, 1977.
Marcel Proust, *À la recherche du temps perdu*, Gallimard,
   Bibliothèque de la Pléiade, éd. J.-Y. Tadié, t. I, 1987, t. IV,
   1990.
Paul Ricœur, *Soi-même comme un autre*, Le Seuil, L'ordre philo-
   sophique, 1990.

Jean-Jacques Rousseau, *Les Confessions, Œuvres complètes*, Gallimard, Bibliothèque de la Pléiade, t. I.

Saint Augustin, *Les Confessions*, trad. Arnaud d'Andilly, éd. par Philippe Sellier, Folio, 1993.

Stendhal, *Vie de Henry Brulard*, par B. Didier, Folio, 1973.

Léon Tolstoï, *Enfance*, Gallimard, Bibliothèque de la Pléiade, t. III, 1961, préfacé par Sylvie Luneau, trad. S. Luneau, M. Aucouturier et P. Pascal.

Mark Twain, *Le prince et le pauvre*, éd. par Francis Lacassin, Laffont, coll. Bouquins, 1990.

W. Donald Winnicott, *De la pédiatrie à la psychanalyse*, trad. Jeanne Kalmonov, Payot, 1989.

— *Jeu et réalité. L'espace potentiel*, trad. C. Monod et J.-B. Pontalis, Gallimard, NRF, 1971.

TABLE

Composition Traitext.
Impression Bussière Camedan Imprimeries
à Saint-Amand (Cher), le 5 octobre 1999.
Dépôt légal : octobre 1999.
1ᵉʳ dépôt légal dans la collection : octobre 1996.
Numéro d'imprimeur : 994119/1.
ISBN 2-07-038646-5./Imprimé en France.

93716